100 RITUELS

MON CAHIER

IKIGAI

Anne-Sophie Levesque-Brianceau

ILLUSTRÉ PAR
Alice Wietzel
& Mademoiselle Ève

SOLAR

SOMMAIRE

Introduction

Et si, chaque matin, vous aviez une super raison de vous lever de « bonheur », boostée par la journée qui arrive ? Imaginez : vous êtes pressée de sortir de la couette pour vivre toutes les belles aventures qui vous attendent. Pourtant, vous n'allez pas prendre un avion pour un voyage de rêve à Bali, ni vous marier avec Timothée Chalamet ! Non, votre raison de vous lever est beaucoup plus profonde : vous vous sentez en harmonie, sereine et confiante. Pourquoi ? Parce que vous avez trouvé votre place, votre moteur, votre mission, votre petite boussole intérieure... Bref, comme disent les Japonais d'Okinawa, vous avez trouvé votre... ikigai. Et là, bingo, quand vous cultivez cet ikigai, vous vous sentez enfin alignée, et cet état d'esprit va imprégner tous les domaines de votre vie. Trouver le job de ses rêves ? Easy, quand on sait parfaitement ce pour quoi on est faite et qu'on détient la clé pour débloquer notre potentiel. Prendre les bonnes décisions et s'y tenir ? Facile, quand on a identifié ce qui nous tient vraiment à cœur et pourquoi on fait les choses ! Mener une vie passionnante et enthousiasmante ? C'est bien plus simple quand tout fait sens et qu'on a identifié ce qui nous rend (vraiment) joyeuse et satisfaite.

« Et il y a une méthode pour me sentir à ce point épanouie et bien dans mes sneakers ? » Oui ! Grâce aux cercles de l'ikigai, vous allez découvrir comment (et pourquoi !) faire le lien entre ce que vous aimez (ce qui vous procure de la joie), ce pour quoi vous êtes douée (ce qui vous rend fière de vous), ce pour quoi vous pouvez être payée (ce qui vous apporte la sécurité) et les besoins du monde actuel (ce qui a un sens). Le but ? Vous mettre sur la piste de votre passion, votre mission, votre vocation et votre profession, bref découvrir ce pour quoi vous êtes faite et, mieux encore, ce pour quoi vous êtes là (eh oui, sur Terre, carrément !). « Yeaaaaaah ! », me direz-vous... « Mais si je n'ai pas d'ikigai, moi, comment je fais, c'est la loose ? » Breaking news : on a TOUTES un ikigai ! Et sa quête commence par une plongée en nous-même en mode introspection pour le débusquer.

Allez hop, prête à le rechercher ? C'est parti !

C'est quoi l'ikigai ?

Un mot japonais au sens profond et poétique, une philosophie millénaire, un outil puissant pour découvrir ce pour quoi on est faite, l'un des secrets du lifestyle des habitants d'Okinawa… L'ikigai, c'est un peu tout ça à la fois, mais c'est surtout une quête personnelle qui a pour but de nous faire découvrir en chemin qui nous sommes vraiment, dans la joie et la bonne humeur.

Un joli mot à tiroirs

Comme beaucoup de mots japonais, l'ikigai est assez complexe à traduire car son sens est multiple. Pour simplifier, on peut dire que *iki* veut dire « vie » et *gai*, « ce qui a de la valeur » : littéralement « ce qui fait que la vie vaut la peine d'être vécue ». C'est aussi un mix parfait entre les expressions françaises « joie de vivre » et « raison d'être ». L'ikigai contient donc en lui l'idée de vivre une vie joyeuse, mais aussi de la consacrer à quelque chose de plus grand que nous pour s'épanouir vraiment. En bref ? Joie + sens = ikigai !

Une philosophie du bonheur à la japonaise

La philosophie de vie millénaire de l'ikigai nous invite à cultiver au quotidien ce qui nous enthousiasme, ce qui nous motive, ce qui nous met en joie, nous pousse à nous lever le matin, ce pour quoi on fait les choses, et à savourer le bonheur de faire ce pour quoi on est faite… Elle vise le dépassement et l'accomplissement de soi : tout un programme !

L'autre secret du lifestyle des habitants d'Okinawa

La notion d'ikigai est apparue pour la première fois au XIVe siècle à Okinawa, un archipel d'îles japonaises bordé d'un lagon bleu turquoise, où il fait (toujours) bon vivre. L'ikigai est d'ailleurs l'autre secret (avec le fameux régime Okinawa) du bonheur et de la super forme des habitants de l'île. Okinawa est connue pour battre des records en nombre de centenaires encore fringants et épanouis.

Un outil puissant pour mieux se connaître et booster son potentiel

Pour trouver son ikigai perso, il existe une méthode, celle des cercles de l'ikigai. Là, on n'est plus sur la notion abstraite et philosophique de l'ikigai, on cherche à découvrir hyper concrètement ce pour quoi on est faite en s'interrogeant sur ce qu'on aime, ce pour quoi on est douée, ce pour quoi on peut être payée et ce dont le monde a besoin. Le but ? Débusquer en chemin notre passion, notre mission, notre vocation et notre profession, et au cœur de tout ça : notre ikigai. Il pourra prendre plusieurs formes (une idée, un mot (clé) ou plusieurs, une devise, un mantra, un fil rouge…) avec toujours l'idée de révéler en filigrane notre mission de vie, ce qui nous anime et ce pour quoi on est faite.

Comment fonctionne ce livre ?

En 100 rituels, je vous propose un voyage intérieur inspiré de la méthode ikigai, pour révéler votre personnalité et vos aspirations profondes, partir à la découverte de votre mission de vie et rayonner pleinement au quotidien.

Les rituels sont thématiques et vous permettent de circuler dans l'ouvrage selon vos besoins, mais à plus grand échelle ils dessinent un cheminement (mieux vous connaître, répondre petit à petit aux questions existentielles qui vont mèneront vers la découverte de votre mission de vie, pour ensuite la faire vivre au quotidien).

Une quête personnelle

On a toutes en nous un ikigai qui ne demande qu'à se révéler, mais il arrive qu'on oublie de s'en préoccuper et qu'on perde un temps précieux en passant à côté. Votre ikigai est unique, intime, personnel : vous n'avez pas le même que votre BFF.

Avant de trouver le trésor qui est en vous, il faut faire plus ample connaissance avec ce « vous ». Allez hop, c'est parti pour la plus dense et belle partie de cette chasse à l'ikigai !

Trois catégories de rituels

- **Le journal de bord**, qui permet de faire le point sur vous-même, vos besoins, vos doutes, vos désirs, vos valeurs…
- **Les bonnes habitudes** à mettre en place pour vous construire une vie épanouissante qui vous correspond vraiment.
- **Les tests**, pour affiner votre profil et vous aider à avancer.

Les outils pratiques

Des outils vous accompagneront pour vous aider à découvrir et vivre votre ikigai :

- **Mon enquête ikigai :** des points de suivi pour vous aider à remplir votre diagramme de l'ikigai ;
- **Et moi dans tout ça ? :** des questions pour faire le point sur votre ressenti ;
- **Des mindmaps :** des outils visuels pour organiser vos pensées sur un sujet.
- Et bien d'autres encore !

100 RITUELS

SWITCHER EN MODE JOIE DE VIVRE

L'ikigai, c'est tout une philosophie de vie visant le sens de la vie et le bonheur. Et vous le pratiquez déjà sans le savoir à certains moments de votre quotidien ! Il s'agit donc ici de repérer ce qui crée en vous cette joie de vivre essentielle. Ces rituels vont vous donner tous les outils pour vous reconnecter à ce qui vous fait vibrer, vous émerveille et vous offre des plaisirs simples. Bref, vous allez identifier ce qui donne déjà du sens à votre vie !

RITUEL 001

JOURNAL DE BORD

Je repère ce qui me met en joie

Pour être heureuse et épanouie, il ne suffit pas de se faire plaisir et de prendre du bon temps. La joie au cœur de l'ikigai est une émotion beaucoup plus puissante, plus profonde, plus intense qui s'inscrit dans la durée. On peut d'ailleurs apprendre à la cultiver en adoptant un état d'esprit, des comportements et des attitudes qui la favorisent. Voici donc un rituel pour identifier ces éléments dans nos vies et les entretenir au quotidien.

Quelle est la dernière fois que j'ai ri de bon cœur ?

....

....

Quelle est la dernière fois que j'ai sauté (ou même pleuré) de joie ?

....

....

On danse de joie, on saute de joie : la joie est exubérante, elle nous habite entièrement, le corps comme l'esprit.

Quels lieux me procurent un sentiment immédiat de légèreté et de joie ?

....

....

Joyeuse, on se sent pleinement vivante.

Qu'est-ce qui dilate mon cœur ?

....

....

Au contact de quelles personnes je me sens le plus joyeuse ? Pourquoi ?

....

....

Quel genre de journée me donne envie de me lever le matin de bonne humeur et me rendrait vraiment joyeuse ? Je décris ma journée idéale.

....

....

La joie, qui est au cœur de l'ikigai, n'est pas provoquée par des événements extérieurs, ce n'est pas la joie qui nous prend par surprise. Cette joie-là, qui nous fait aimer la vie, pleinement, sans raison apparente, vient de nous.

J'estime mon niveau de joie de vivre...

...sur les dernières 24 heures ☺☺☺☺☺

...sur la dernière semaine ☺☺☺☺☺

...sur la dernière année ☺☺☺☺☺

RITUEL 002

JOURNAL DE BORD

Je trouve mon flow

Le flow, concept central de l'ikigai, pourrait se résumer ainsi : un état second, parfait mix entre l'excitation, la joie, l'enthousiasme et la concentration, le contrôle. Apprendre à identifier nos moments de flow, voire à les (re)créer, est donc capital pour cultiver notre ikigai. Ci-dessous, prenez connaissance des 7 conditions de l'état de flow conceptualisées par Mihály Csíkszentmihályi, et tenez le journal de vos moments de flow !

- Je suis complètement impliquée dans ma tâche : on est super concentrée, absorbée par son occupation ! Rien ne peut nous détourner de notre activité„ pas même la faim ou le bruit.
- J'éprouve un sentiment de joie intense à la limite de l'extase : on a la sensation d'être un peu hors de la réalité.
- Tout est hyper clair dans mon esprit : on sait exactement ce qu'on a à faire et, en plus, on le fait bien : c'est une évidence.
- Tout paraît super simple : l'activité qu'on est en train de faire matche parfaitement avec nos capacités, nos qualités, nos talents : c'est totalement à notre portée. Attention, ça ne veut pas dire que la tâche en soi est simple pour tout le monde.
- On est hyper sereine : plus de soucis, plus de prise de tête, on laisse notre ego de côté.
- Je n'ai pas vu le temps passer : c'est souvent à ça qu'on reconnaît le flow a posteriori ! On a passé 3 heures à bosser sur cette activité et on a l'impression que ça fait à peine un quart d'heure : on continuerait bien encore !
- Je suis ultra motivée ! Et pas par la gloire, l'argent ou la reconnaissance, mais juste par le fait de réaliser cette tâche et d'y arriver : c'est notre seule récompense et ça suffit à nous rendre satisfaite et joyeuse.

Les activités qui réunissent ces 7 critères pour moi :

- ....
- ....
- ....
- ....
- ....
- ....
- ....

S'agit-il de moments et d'activités que je vis et pratique régulièrement ?

....

....

Est-ce que j'arrive facilement et naturellement à me plonger dans le flow ?

....

....

Le + de cette pratique

Le flow crée une joie pure qui peut parfois flirter avec l'extase. Les créatifs, les sportifs et les passionnés de tout poil se retrouvent souvent dans le flow, mais toute personne peut le ressentir, il suffit d'apprendre à le repérer. Pas besoin de courir un marathon, composer une musique, écrire un roman ou des lignes de code de génie pour le vivre. Juste de vous plonger corps et âme dans quelque chose que vous aimez vraiment.

RITUEL 003

J'adopte le microflow

L'ikigai nous invite à trouver du sens dans chaque instant, même dans les tâches rébarbatives. Avec le microflow, l'équivalent du flow mais adapté aux petites corvées du quotidien, transformez ces moments a priori peu plaisants en bulles de sérénité en cultivant une pleine présence.

1 Je choisis une tâche banale

Identifiez une petite corvée : faire la vaisselle, plier le linge, ou ranger votre bureau. Visualisez-la non comme une contrainte, mais comme une opportunité de vivre l'instant présent.

2 Je crée une ambiance propice

Allumez une bougie, mettez une playlist apaisante ou ouvrez la fenêtre pour laisser entrer l'air frais. Préparez un cadre qui invite à la détente.

3 Je m'immerge dans les sensations

Concentrez-vous sur vos sens : sentez l'eau qui coule entre vos doigts, l'odeur du liquide vaisselle, écoutez le bruit de l'éponge qui gratte la casserole, observez la lumière qui danse sur les surfaces propres. Chaque détail compte.

4 Je suis un rythme naturel

Avancez lentement et sans précipitation. Transformez la répétition en un rythme apaisant. Laissez vos pensées s'apaiser, comme une méditation en mouvement.

5 Je savoure le résultat

Prenez un instant pour savourer le résultat : la vaisselle étincelante, les vêtements bien pliés. Remerciez-vous pour cet instant transformé en moment de plaisir simple.

ET MOI DANS TOUT ÇA ?

Les tâches où je pourrais pour tester le microflow

1. ....
2. ....
3. ....

RITUEL 004

Je vis le moment présent

L'ikigai, on le vit à chaque instant, au présent, pas en rêve dans un futur fantasmé où tout serait à sa place... Dites stop à la procrastination de votre bonheur et reconnectez-vous avec ce qui donne un sens à votre vie, ici et maintenant !

1 Je choisis d'être heureuse maintenant

Le bonheur, c'est un état d'esprit ! Choisissez délibérément d'être heureuse là, maintenant, au moment présent, et pas plus tard, quand vous aurez gagné au Loto ou quand toutes les planètes seront alignées ! Pas besoin d'attendre d'avoir trouvé le bon job, le bon mec, la bonne maison ou d'avoir atteint le bon poids...

2 Je valorise mon présent

Gaspiller l'instant présent en attendant des jours meilleurs entame notre joie de vivre et donc nous éloigne de notre ikigai. Pourquoi ? Parce que le présent est la seule chose qui existe. Ce futur idéal qu'on fantasme n'existe pas encore et le passé qu'on idéalise ou sur lequel on rumine n'existe plus. La bonne nouvelle, c'est qu'on a le pouvoir de décider d'être heureuse ici et maintenant, avec ce qu'on a, et c'est même essentiel dans la recherche de notre ikigai.

3 Je continue à rêver et planifier

On peut se demander si être toujours dans le moment présent n'est pas incompatible avec le fait de faire des projections et donc de planifier nos objectifs de vie. Et puis, accepter ce qu'on a déjà, c'est un coup à stagner, ça, non ? Eh bien, non ! S'ancrer dans le présent n'empêche pas de planifier notre avenir, bien au contraire. Il y a une différence entre planifier son futur et passer son temps à le rêver et l'idéaliser.

ET MOI DANS TOUT ÇA ?

Ai-je tendance à ruminer le passé ?

....

....

Ai-je tendance à ne vivre que dans un avenir plus propice ?

....

....

Comment puis-je davantage me connecter au présent ?

....

....

RITUEL 005

JOURNAL DE BORD

Je booste mon bonheur

On peut toucher notre bonheur du doigt dès aujourd'hui. Un rêve, des envies ? Hop, mettez en place des actions dès maintenant pour aller vers ce but. Indiquez 3 rêves que vous avez laissés de côté depuis trop longtemps, et pour chacun, 3 actions que vous pourriez mettre en place dès maintenant pour les atteindre. Prête à reprendre les rênes de votre bonheur ?

MINDMAP

action n° 1

action n° 2

RÊVE N° 1

action n° 3

action n° 1

action n° 2

RÊVE N° 2

action n° 3

action n° 2

action n° 1

RÊVE N° 3

action n° 3

RITUEL 006

JOURNAL DE BORD

J'adopte la stoïque attitude

Boostez votre joie de vivre intérieure en balayant vos ruminations inutiles et en prenant conscience qu'il y a des choses qui dépendent de vous et d'autres que vous ne pouvez pas contrôler et qu'il faut juste accepter… Bye-bye soucis, tendance à râler, ruminations, critiques : acceptation = zéro frustration !

Situations qui m'énervent actuellement ou que je rumine souvent	Ai-je le pouvoir de changer la situation (pour le moment ou pour toujours) ?	Si non, suis-je prête à ne plus m'en soucier à libérer mon esprit pour ce qui compte vraiment : mes projets et ma sérénité ?

RITUEL 007

Je cultive l'émerveillement

L'émerveillement est un anti rabat-joie par excellence ! Difficile d'être grognon quand on fait l'effort de remarquer toutes les (petites) choses autour de nous qui rendent la vie belle. L'émerveillement, c'est aussi un sentiment clé au cœur de l'ikigai : il nous connecte à notre joie pure et enfantine et est un atout pour débusquer « ce qu'on aime ».

1 Je repère la beauté cachée

Regardez autour de vous : une fleur qui pousse entre deux pavés, un rayon de soleil qui traverse une vitre, un sourire échangé. Prenez l'habitude de chercher ces petites merveilles du quotidien. Plus vous entraînez votre regard à repérer toute cette beauté cachée, plus vous identifiez facilement ces moments de bonheur, même infimes, qui font que votre journée vaut la peine d'être vécue.

2 Je m'ouvre à la magie du quotidien

L'émerveillement se définit comme un mélange d'étonnement et d'admiration. C'est une manière d'insuffler un peu de poésie et de grandiose dans le quotidien. Laissez-vous surprendre par ce qui dépasse votre routine. Admirez un coucher de soleil, écoutez le bruit des feuilles dans le vent, ou laissez-vous happer par une musique qui vous transporte. Soyez curieuse et prête à voir de la poésie même dans l'ordinaire.

3 Je suis pleinement présente

L'émerveillement implique aussi qu'on soit dans un état de présence et d'attention totale, d'aiguiser nos sens. Impossible de s'émerveiller d'un paysage si on est en train de le mitrailler en photos ou de faire une story sur Insta. Posez votre téléphone et connectez-vous au moment. Respirez, écoutez, ressentez. Être là, vraiment, c'est la clé pour vous émerveiller.

4 Je retrouve mon âme d'enfant

Inspirez-vous des enfants : observez le monde avec des yeux neufs. Depuis votre fenêtre, le ciel peut devenir une œuvre d'art. Un orage qui approche ? Une scène grandiose. Apprenez à voir différemment et à retrouver cette joie spontanée que vous aviez petite, quand tout semblait nouveau et fascinant.

RITUEL 008

JOURNAL DE BORD

Je pratique la gratitude

La gratitude, c'est l'arme secrète pour cultiver la joie de vivre ! Prenez le temps de dire merci à la vie pour ses petites et grandes joies, et aux autres pour leurs gestes bienveillants, vous prendrez d'autant plus conscience de votre chance et retirerez encore plus de bonheur de votre quotidien !

Pour quoi puis-je dire merci à la vie, à ses petites et grandes joies ?

Repérez les petits moments à part dans la journée et notez-les au fil de l'eau, ou chaque soir juste avant de vous coucher, dans un carnet de gratitude.

Merci pour ....

Merci pour ....

Merci pour ....

Merci pour ....

Merci pour ....

Merci pour ....

Merci pour ....

Qui ai-je envie de remercier et pourquoi ?

Si quelqu'un compte ou a compté pour vous (un prof, un ami…), n'hésitez pas à lui en faire part : non seulement cette attention le rendra sûrement heureux, mais cela boostera également votre sentiment de bien-être de façon durable.

Merci .... (son prénom) pour ....

Merci .... (son prénom) pour ....

Merci .... (son prénom) pour ....

Merci .... (son prénom) pour ....

Merci .... (son prénom) pour ....

RITUEL 009

JOURNAL DE BORD

Je choisis l'optimisme

Plus on fait l'effort de chausser ses lunettes d'optimiste, plus la vie a du bon à nous apporter. Et si vous décidiez de voir la vie du bon côté ? Bien sûr, ce n'est pas toujours facile, mais vous avez le pouvoir de changer de perspective. Un média met volontairement certaines infos à la une et d'autres à la trappe, il décide de l'angle sous lequel traiter ces informations. Vous pouvez faire la même chose avec votre vie ! Changez de perspective et entamez le grand virage de l'optimisme !

Quels moments ai-je tendance à retenir, mettre en avant, cultiver ? Les moments de joie, de partage, de bien-être, ou mes moments de doute et d'anxiété ?

....

....

....

Comment faire pour davantage me focaliser sur les moments positifs ?

....

....

....

Sous quel angle ai-je l'habitude d'aborder un problème ou un échec ? Celui de la solution ou celui du découragement ?

....

....

....

Pas question de verser dans l'idéalisme, la méthode Coué ou pire, la politique de l'autruche. Non, on trouve le bon équilibre en ancrant son optimisme dans la réalité et en le teintant d'espoir et de confiance, en la vie d'abord, mais aussi en nous et en nos capacités à rebondir.

RITUEL 010

Je fais preuve de résilience

La résilience, c'est l'art de surmonter les épreuves. Ce n'est pas éviter les moments difficiles, mais les traverser avec force et sagesse. Accepter les coups de blues, apprendre d'eux et retrouver sa joie intérieure fait partie du processus. Alors, prête à rebondir pour toujours revenir à votre joie de vivre naturelle ?

1 Je ne culpabilise pas à chaque coup de mou

Identifier ses moments joyeux, intenses, les chérir, les apprécier, les provoquer est essentiel pour vivre en accord avec son ikigai. Mais ça ne veut pas dire que vous devez être heureuse et épanouie 100 % du temps. On ne peut pas être dans la joie et le flow en permanence, et c'est normal ! Ne vous en voulez pas quand ça ne va pas. Les hauts et les bas font partie de la vie. L'essentiel, c'est de savourer les bons moments quand ils arrivent et de comprendre que les coups de mou ne durent jamais éternellement.

2 J'accepte les phases down

Quand ça va moins bien, acceptez-le sans résistance. Le stress, l'anxiété, les blues, ça passe. Souvenez-vous que vous avez en vous toutes les ressources pour remonter la pente. Prenez du temps pour vous, respirez et laissez les émotions négatives s'éclipser d'elles-mêmes.

3 Je mets des mots sur les passes difficiles

Lorsque l'angoisse, l'anxiété ou la tristesse vous envahissent, avouez-vous-le clairement dans votre tête, écrivez-le dans un carnet ou dites-le à haute voix. Identifiez l'émotion et nommez-la : « Tiens, là, je ressens de l'angoisse. Ce n'est pas agréable mais je sais que ça va passer. » C'est en mettant des mots sur ce que vous ressentez que vous pouvez vraiment avancer et vous reconnecter à votre force intérieure. Bye bye, les stratégies d'évitement qui ne feraient qu'amplifier cette émotion.

L'info en +

Le kintsugi (ou kintsukuroi) est un art japonais très poétique (comme souvent au pays du Soleil levant) qui consiste à réparer des objets cassés, en les recollant tout en finesse avec une laque trempée dans de la poudre d'or. Résultat : ce vieux vase brisé ou cette petite soucoupe cassée qu'on allait jeter sont sublimés par les rainures dorées qui les traversent (checkez sur Google Images : c'est vraiment très beau). On s'aide de cette belle image pour nous inspirer et traverser les coups durs. On y voit aussi une métaphore de nos failles : on apprend à les accepter et à ne pas les cacher.

RETROUVER DU SENS

On peut se sentir heureuse, savourer les petits plaisirs et les grandes joies, mais avoir aussi la sensation qu'il nous manque quelque chose… d'essentiel. Ce qui fait souvent défaut, c'est le sens : ce sentiment profond de contribuer à quelque chose de plus grand que nous et d'avoir un impact positif sur le monde. Cette quête de sens, ce besoin de comprendre pourquoi nous faisons ce que nous faisons, est indissociable de la recherche de l'ikigai. Préparez-vous à une plongée au cœur de votre personnalité pour révéler vos désirs enfouis et découvrir votre juste place !

RITUEL 011

JOURNAL DE BORD

Je cerne mes besoins

Avant de penser à vous accomplir et à donner du sens à votre vie en trouvant votre ikigai, vos besoins essentiels doivent être comblés. Avec ce rituel, remplissez la pyramide de Maslow (créée par le psychologue Abraham Maslow) et faites un état des lieux de vos besoins vitaux actuels, ceux qui sont pleinement satisfaits et aussi de vos manques, de vos frustrations...

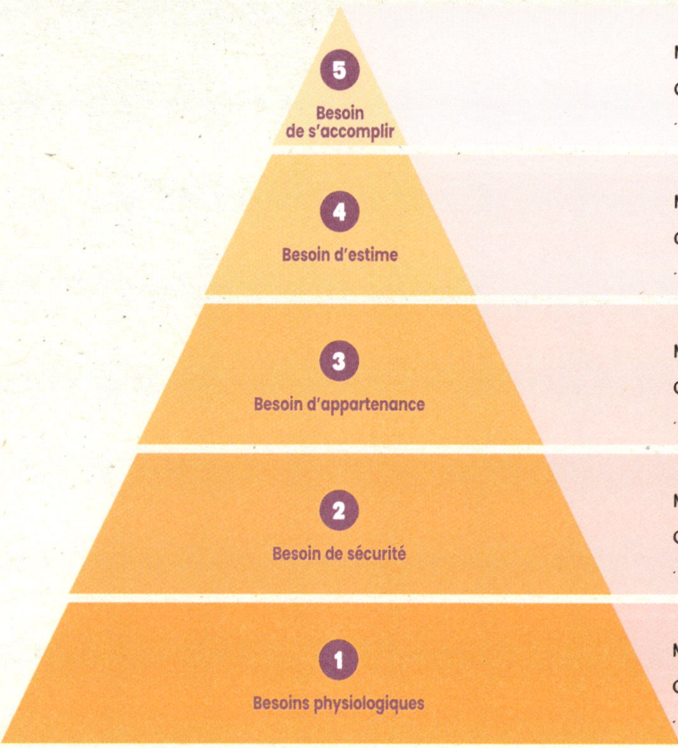

5 – Besoin de s'accomplir

Ma satisfaction de ce besoin : .... %

Ce qui me manque/mes frustrations :

....

4 – Besoin d'estime

Ma satisfaction de ce besoin : .... %

Ce qui me manque/mes frustrations :

....

3 – Besoin d'appartenance

Ma satisfaction de ce besoin : .... %

Ce qui me manque/mes frustrations :

....

2 – Besoin de sécurité

Ma satisfaction de ce besoin : .... %

Ce qui me manque/mes frustrations :

....

1 – Besoins physiologiques

Ma satisfaction de ce besoin : .... %

Ce qui me manque/mes frustrations :

....

1 Les besoins physiologiques

Ce sont des besoins ultra basiques mais indispensables à notre survie : manger, boire, respirer, dormir...

2 Le besoin de sécurité

Avoir un toit sur la tête, sentir que nous ne sommes pas menacés, être en bonne santé... Dans les cercles de l'ikigai, ça correspond à « ce pour quoi je peux être payée ».

3 Le besoin d'appartenance

Avoir des amis, se lier aux autres : l'aspect social est fondamental. Cette idée d'appartenance se retrouve dans le cercle de l'ikigai « ce dont le monde a besoin ».

4 Le besoin d'estime

On a besoin de la reconnaissance, de retours positifs et de l'estime des autres, sans oublier l'estime de soi. C'est pile ce qu'on ressent quand on fait « ce pour quoi on est douée », un autre des cercles de l'ikigai.

5 Le besoin de s'accomplir

C'est le stade de l'épanouissement et du développement personnel : ici, on vise à réaliser son plein potentiel et à devenir la meilleure version de soi-même. On prend conscience de ce qui nous rend unique. Ici, on sait « ce qu'on aime » vraiment et on se donne les moyens de l'accomplir.

Le dépassement de soi

Vers la fin de sa vie, Abraham Maslow avait ajouté un 6e niveau à sa pyramide, qui comportait une dimension encore plus altruiste et impliquait de se transcender pour s'impliquer dans une cause, un idéal, de se mettre au service des autres.

Ma satisfaction de ce besoin : .... %

Ce qui me manque/mes frustrations :

....

Les manques sont le signe d'une perte de sens pouvant parfois mener à une vraie crise existentielle. Ce sont des pistes à creuser et à travailler pour améliorer votre bien-être.

Dans l'idée, il est très difficile de monter un étage de la pyramide si les besoins de l'étage inférieur ne sont pas satisfaits. Comme dans un jeu vidéo, à chaque étape franchie, le niveau devient plus ardu et n'est pas à la portée de tout le monde. Aussi, plus on monte dans la pyramide et moins le taux de satisfaction du besoin est élevé.

RITUEL 012

JOURNAL DE BORD

Je définis mes valeurs fondamentales

Pour espérer atteindre son ikigai, il est essentiel d'être en accord avec ses valeurs et pour cela, de les connaître. Le but ? Être « alignée », c'est-à-dire sentir une parfaite cohérence entre ce qu'on dit, ce qu'on pense et ce qu'on fait. Et quand tout sonne juste en nous, quand nos actions sont au diapason de nos valeurs, de nos convictions, on trouve à la clé un sentiment d'harmonie et de sérénité. Réfléchissez dès maintenant à vos valeurs fortes, elles en disent long sur le sens que vous voulez donner à votre vie !

Quelles sont mes 5 valeurs fondamentales ?

- Abondance
- Accomplissement
- Adaptabilité
- Altruisme
- Ambition
- Amitié
- Amour
- Appartenance
- Apprentissage
- Audace
- Authenticité
- Aventure
- Beauté
- Bienveillance
- Charité
- Collaboration
- Communauté
- Compassion
- Confiance
- Connaissance
- Conscience
- Contrôle
- Coopération
- Courage
- Créativité
- Curiosité
- Dépassement de soi
- Détermination
- Devoir
- Discipline
- Efficacité
- Empathie
- Énergie
- Engagement
- Enthousiasme
- Entraide
- Équilibre
- Espoir
- Éthique
- Excellence
- Exemplarité
- Expérience
- Famille
- Fiabilité
- Fidélité
- Flexibilité
- Foi
- Force
- Franchise
- Frugalité
- Générosité
- Gentillesse
- Gloire
- Gratitude
- Honneur
- Hospitalité
- Humilité
- Indépendance
- Intégrité
- Intelligence
- Justice
- Leadership
- Légèreté
- Liberté
- Lien
- Logique
- Minutie
- Nature
- Optimisme
- Ordre
- Organisation
- Ouverture d'esprit
- Paix
- Partage
- Passion
- Patience
- Perfection
- Persévérance
- Pragmatisme
- Pratique
- Prudence
- Puissance
- Raison
- Rationalité
- Reconnaissance
- Résilience
- Résistance
- Respect
- Rigueur
- Sagesse
- Sécurité
- Sens
- Sensibilité
- Sérénité
- Soin
- Solidarité
- Spiritualité
- Spontanéité
- Stabilité
- Vertu

RITUEL 013

JOURNAL DE BORD

J'identifie mon moai

Il est indispensable de s'épanouir pleinement au contact des autres pour donner du sens à sa vie et trouver sa place dans le monde. À Okinawa, chaque habitant de l'île fait partie d'un moai, une communauté avec qui partager et sur laquelle on peut compter en cas de coup dur, émotionnellement surtout, et parfois même financièrement. Elle repose sur le partage et la solidarité de ses membres. Vous avez déjà sans doute autour de vous un groupe qui s'apparente à un moai. Investissez ce trésor inestimable !

Qui sont les personnes sur qui je peux compter et avec qui j'aime partager ?

....

....

....

....

....

En quoi pourrais-je, à mon tour, leur être utile ?

....

....

....

....

....

Calez avec ces personnes des rendez-vous réguliers dans votre agenda. On a vite fait de zapper des moments précieux avec les gens qui comptent pour nous. Pensez à les remettre au cœur de vos priorités !

RITUEL 014

Je trouve du sens dans l'imperfection avec le wabi-sabi

Simplicité, sobriété et sérénité... Comme l'ikigai, le wabi-sabi est une philosophie de vie japonaise. Ces deux concepts s'entrelacent à merveille pour nous aider à vivre en harmonie avec nous-mêmes et avec le monde. Le wabi-sabi nous invite à embrasser l'imperfection et à trouver la beauté dans l'éphémère, tout en redécouvrant l'essentiel. Voici comment adopter cet état d'esprit pour vous rapprocher de votre ikigai.

1 Je réalise que la perfection n'existe pas

Le wabi-sabi nous rappelle que rien n'est parfait. Arrêtez-vous un instant et réfléchissez à ce qui vous pousse à chercher un idéal inatteignable : votre fil Instagram parfait, des intérieurs impeccables, des corps sans défauts... Tout cela est souvent lissé et irréel, passé d'une manière ou d'une autre à travers le filtre faussé de la recherche de perfection. En gardant à l'esprit que la perfection est une illusion, vous relâchez la pression et retrouvez de la légèreté.

2 J'apprends à aimer l'imperfection

Le wabi-sabi nous encourage à accepter ce qui est, avec ses aspérités et ses singularités. C'est dans l'imperfection que se cache souvent la beauté. La prochaine fois que vous vous surprenez à critiquer un défaut, chez vous ou chez quelqu'un d'autre, remplacez cette pensée par une gratitude pour ce qui rend cette personne ou cette chose unique. Vous méritez de vous accepter telle que vous êtes, dans toute votre humanité.

3 Je privilégie une consommation consciente

Plutôt que de chercher toujours plus, pourquoi ne pas apprécier ce que vous avez déjà ? Questionnez vos envies de nouveauté et apprenez à consommer moins ou mieux, en privilégiant des objets qui ont une histoire ou une âme. Résistez aux sirènes du marketing ! Réparer, recycler ou réutiliser peut également être une manière wabi-sabi de cultiver la simplicité.

4 Je savoure les choses simples

Prenez le temps d'apprécier ce qui vous entoure : la chaleur du soleil sur votre peau, le parfum d'un café frais, le rire spontané d'une amie. Dans ces petits moments du quotidien réside une richesse infinie.

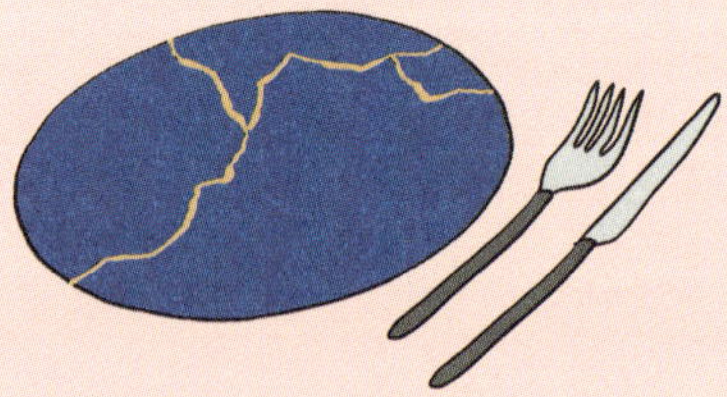

RITUEL 015

JOURNAL DE BORD

Je regarde mes imperfections avec douceur

En plus d'être une philosophie de vie prônant la simplicité, la sobriété et la sérénité, le wabi-sabi est un courant esthétique qui valorise les objets usés, différents, vieillis et qui leur redonne une place de choix dans la maison. L'idée ? Trouver le beau dans ce qui est caché, abîmé... Bref, sublimer et redonner de la valeur à ce qui n'est pas parfait. Un état d'esprit merveilleux qu'on peut appliquer autant aux choses qu'à soi. Imprégnez-vous de cet état d'esprit pour porter un regard tendre sur vos imperfections.

3 choses imparfaites qui m'émeuvent

Ça peut être un objet (un dessus-de-lit un peu râpé mais qui a une histoire) ou une personne (au visage imparfait mais charmant) qui vous sont chers, mais aussi un arbre, un animal...

1. ....

2. ....

3. ....

3 choses que je trouve imparfaites chez moi

1. ....

2. ....

3. ....

En quoi ces imperfections me rendent-elles unique ?

....

....

Qu'est-ce que ces imperfections ont de beau ?

....

....

RITUEL 016

JOURNAL DE BORD

Je ralentis en mode slow life

Pas toujours facile de ralentir dans un monde qui nous offre mille expériences excitantes à vivre. Pourtant, faire une pause est essentiel pour retrouver du sens et vérifier si nos choix et nos actions nous ressemblent vraiment. Ce rituel vous invite à faire un pas de côté et à embrasser la slow life en prenant conscience de tout ce que peuvent vous apporter ces moments de lâcher-prise et de déconnexion.

Est-ce que j'ai l'impression de vivre à 100 à l'heure ?

....

....

Est-ce que je sais m'accorder des instants de déconnexion ?

....

....

Qu'est-ce qui pourrait m'aider à le faire plus souvent et plus facilement ?

....

....

Comment je me sens quand je ne suis plus dans la frénésie de l'action ?

....

....

Est-ce que mes choix de vie m'apparaissent sous un autre jour quand je fais une pause ?

....

....

RITUEL 017

Je range pour clarifier mes idées

En libérant de l'espace dans votre maison, vous clarifiez aussi votre esprit. Inspirées des méthodes de rangement japonaises, ce rituel minimaliste va vous aider à vous recentrer sur l'essentiel, à vous libérer du passé et à y voir plus clair dans votre quête de sens.

1 J'applique les principes du DanShaRi

Une certaine dose de minimalisme invite à (re)découvrir l'essentiel. Ce n'est pas un hasard si les méthodes de rangement à la japonaise ont un tel succès : il ne s'agit pas juste d'apprendre à plier nos culottes et vider nos placards, il y a un sens caché derrière ces rituels du rangement. Inspirez-vous de de la méthode DanShaRi, qui signifie refuser (tout nouvel achat inutile), jeter (tout objet encombrant) et se séparer (laisser derrière nous le superflu, pour se concentrer sur l'essentiel). Vous verrez, vous allez avoir du mal à vous arrêter et, à la fin de ce grand ménage de printemps, vous devriez y voir plus clair dans votre maison et dans votre esprit.

2 Je trie avec la méthode Marie Kondo

Marie Kondo, dans son best-seller *La Magie du rangement* (éd. First, 2015), nous invite à nous demander si un objet nous « met en joie » avant de décider de le garder ou de le jeter, ce qui n'est pas anodin. Faire le tri, se débarrasser de certains objets et de l'attachement qu'on leur porte permet de se délester d'un passé encombrant et de libérer aussi de l'espace dans notre esprit pour accueillir ce qui nous attend avec plus de clarté.

Durant votre grand tri, prenez chaque objet en main et demandez-vous : « Est-ce qu'il me met en joie ? ». Si oui, gardez-le et chérissez-le. Sinon, remerciez-le pour son rôle passé avant de vous en séparer.

3 Je savoure la clarté retrouvée

Une fois tri et rangement terminés, prenez le temps de contempler cet espace épuré. Ressentez la légèreté d'un lieu désencombré et l'apaisement mental qu'il procure. Cette clarté est une invitation à avancer avec plus de focus.

RITUEL 018

Je développe mon intuition

L'intuition est une alliée de choc pour découvrir son ikigai et garder en tête ce qui fait sens dans notre vie. Hélas, on l'écoute bien trop rarement. Bonne nouvelle : elle ne demande en général qu'à se réveiller ! Pour vous aider dans votre chemin, renforcez-la et ouvrez l'œil, en vous appuyant sur les petits signes que la vie vous envoie !

1 Je repère les « synchronicités »

Il y a de la magie dans l'ikigai et elle se niche au cœur de ces heureux hasards, ces belles coïncidences qui arrivent dans notre vie pour nous montrer subtilement le chemin à suivre. Ces « synchronicités », pour reprendre le terme du psychanalyste Carl Gustav Jung, nous invitent à être plus réceptives, plus à l'écoute de notre intuition et de notre environnement. Il s'agit d'un événement, d'un signe, d'une rencontre qui arrive pile au bon moment dans notre vie et, tout un coup, tout prend... sens ! Entraînez-vous à les repérer au quotidien !

2 Je différencie coïncidences et opportunités

Faites bien la différence entre les synchronicités sympas mais parfaitement anodines : « Tiens, c'est fou, je me disais justement qu'il fallait que je t'appelle et je tombe sur toi » et celles, plus puissantes, qui s'imposent comme de véritables révélations et peuvent parfois changer le cours d'une vie : « Juste au moment où je pense à mon rêve d'aller en Angleterre, bim, je trouve par hasard dans mon newsfeed Facebook une annonce partagée par un ami pour un job génial à Londres ! » Ce sont ces dernières qui peuvent vous mettre sur la piste du sens que vous voulez donner à votre vie, elles arrivent souvent dans un moment de transition, quand on est un peu perdue ou qu'on bloque sur une prise de décision.

3 Je décrypte le message caché

Les synchronicités ne sont pas toujours heureuses, parfois on se passerait bien de certaines lois des séries assez pénibles, mais elles véhiculent toujours un message pour nous faire avancer : à vous de le décrypter !

ET MOI DANS TOUT ÇA ?

Est-ce que j'ai déjà expérimenté ces heureuses coïncidences ?

....

....

Quel était leur message ?

....

....

Est-ce que je l'ai écouté ? Si non, est-ce que je le regrette ?

....

....

RITUEL 019

Je décortique ma jalousie

Il vous arrive parfois d'être un peu envieuse du succès des autres ? Dans la philosophie ikigai, chaque émotion, même la jalousie, peut devenir une boussole pour mieux se connaître. En sondant ce sentiment, vous identifiez vos envies profondes, des pistes pour épanouir votre potentiel et donner du sens à votre vie. Et si vous en faisiez un atout ?

1 Je prends conscience de ma jalousie

Prenez un moment pour identifier une situation où vous vous êtes sentie jalouse récemment. Qui ou quoi a déclenché ce sentiment ? Reconnaissez-le sans jugement : c'est une émotion humaine et naturelle. Même si parfois, on a du mal à se l'avouer...

2 Je déculpabilise

Dites-vous que la jalousie, bien que désagréable, peut devenir un indicateur précieux. Elle reflète souvent des aspirations ou des désirs enfouis. Au lieu de culpabiliser de ce sentiment un peu honteux, prenez-le comme un indice : cette jalousie peut vous en dire beaucoup sur la personne que vous aimeriez être !

3 J'analyse ce que j'envie/ce dont j'ai envie !

La jalousie permet de mettre le doigt sur vos manques et vos frustrations. Quand on envie quelqu'un, c'est souvent qu'on aimerait avoir ce qu'il a, ou être un peu ce qu'il est. Analysez ce qui vous attire chez la personne ou la situation que vous enviez. Est-ce une compétence, un style de vie, une réussite ? Notez ce que cela révèle sur vos envies ou vos frustrations actuelles.

ET MOI DANS TOUT ÇA ?

Qui j'envie ?

....

Qu'est-ce que ces personnes vivent dont je voudrais aussi faire l'expérience ?

....

Quelles actions je peux enclencher dès maintenant pour commencer à vivre ces expériences ?

....

4 Je transforme ma jalousie

Pas question de cultiver ce sentiment pas franchement épanouissant, mais, quitte à la ressentir, autant en faire quelque chose de positif. Une fois une envie identifiée, fixez-vous un objectif pour vous en rapprocher. Par exemple, développez une compétence ou explorez un nouveau projet. Votre jalousie vous a donné une direction, suivez-la ! Imaginons que vous êtes jalouse de cette amie qui écrit des livres et donne des conférences. Qu'est-ce que ça dit de vous, à votre avis ? Qu'au fond, vous avez un désir profond de changer de job et de vous accomplir en utilisant toutes vos capacités comme cette fille semble le faire, peut-être ?

RITUEL 020

JOURNAL DE BORD

Je trouve mes role models

L'admiration est puissante : c'est un sentiment agréable qui va souvent de pair avec l'inspiration et qui nous pousse à nous dépasser. Les personnes que l'on admire peuvent aussi nous éclairer sur les valeurs qui sommeillent en nous, celles qui nous définissent déjà et celles auxquelles on aspire. De quoi savoir pourquoi on fait les choses, prendre les bonnes décisions et rester fidèle à soi-même en toutes circonstances. Une aubaine dans la recherche de sens et de l'ikigai, non ? Quelles sont les 4 personnes que vous admirez ou qui vous inspirent le plus (personnages fictifs ou figures historiques, si possible) et quelles sont les 3 valeurs, forces de caractère ou qualités que vous admirez chez elles ?

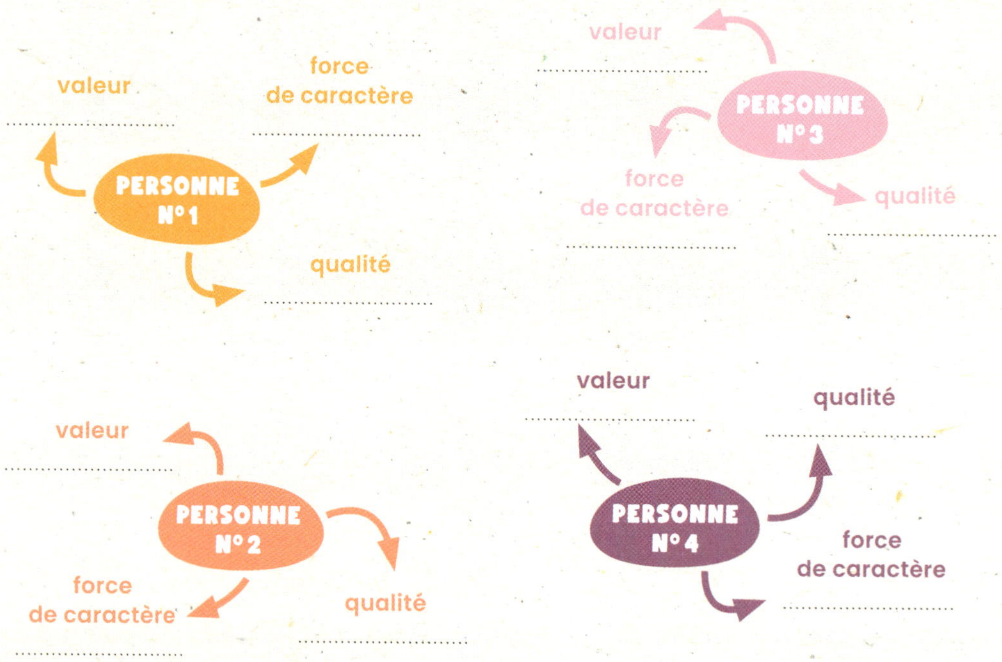

Les valeurs, forces de caractères et qualités que vous avez relevées reflètent votre essence, ce qui vous tient vraiment à cœur, ce que vous avez envie de transmettre et de partager. Gardez-les précieusement !

RITUEL 021

JOURNAL DE BORD

J'écoute mes émotions

Vos émotions sont de précieuses messagères : elles révèlent ce qui compte vraiment pour vous. La joie, l'émerveillement ou même la concentration intense lorsque vous êtes en état de flow sont autant de signaux qui vous rapprochent de votre ikigai. En apprenant à écouter ce que vous ressentez, vous découvrirez des indices essentiels sur vos passions et vos aspirations profondes. Prenez un moment pour explorer vos émotions et trouver ce qui fait sens pour vous !

Les moments où je ressens de la fierté (souvent quand je fais quelque chose pour quoi je suis douée) :

....

Les moments où je ressens de la sérénité (souvent quand je me sens à ma place) :

....

Les moments où je ressens de la tristesse (souvent quand quelque chose me coupe de mon ikigai) :

....

Les moments où je ressens de l'angoisse (souvent quand quelque chose me coupe de mon ikigai) :

....

Les moments où je ressens de la colère (souvent quand quelque chose me coupe de mon ikigai) :

....

Les moments où je ressens de la confusion (souvent quand je ne suis pas en phase avec mes valeurs, que j'ai renoncé à ce qui me met en joie par confort ou contrainte ou encore quand mon ikigai n'est pas très clair) :

....

ABANDONNER SES FAUSSES CROYANCES

Lorsque l'on reste enfermée dans des cases où on s'est glissée sans même s'en rendre compte, il n'est pas facile de trouver ce pour quoi on est vraiment faite. À travers les rituels suivants, vous apprendrez à dégommer les fausses représentations de vous-même et à vous libérer des influences extérieures, qui brouillent vos véritables désirs. En laissant derrière vous ces croyances limitantes, vous pourrez avancer vers votre ikigai, celui qui vous correspond vraiment (et pas celui d'une autre) ! Faites tomber vos barrières !

RITUEL 022

Je démasque mon troll intérieur

Votre troll intérieur, c'est cette petite voix agaçante qui critique tout ce que vous faites et essaie de vous faire croire que vous êtes nulle. Au-delà du fait qu'il a tort, en vous faisant douter de vous, il vous éloigne de vos aspirations et peut vous mettre sur de fausses pistes quant à votre ikigai. Il est grand temps de le remettre à sa place, vous ne pensez pas ?

1 Je mets mon inner saboteur en sourdine

Vous arrive-t-il de vous juger trop durement ou de ressasser vos échecs ? Stoppez ce dialogue intérieur négatif qui vous épuise. Cultiver une bonne estime de vous-même est essentiel pour avancer vers votre ikigai. Commencez par reconnaître cette petite voix... et refusez de lui donner tout le pouvoir.

2 Je tiens tête à mon troll intérieur

Ce troll n'a pas toujours raison : vous avez en vous les ressources pour lui tenir tête. Plus vous contestez ses propos, plus il perd de sa force. Inversez la tendance : au lieu de ruminer vos complexes ou vos erreurs, célébrez vos réussites et concentrez-vous sur vos qualités.

3 Je transforme mon troll en coach intérieur

Observez votre troll avec détachement : que cherche-t-il à vous dire ? Prenez du recul, écoutez ses peurs sans vous y identifier. Et si, au lieu d'un critique, il devenait un allié ? Reformulez ses messages, reprenez le contrôle et avancez avec confiance.

ET MOI DANS TOUT ÇA ?

Quelles critiques reviennent souvent dans ma tête ?

....

Quelles insécurités se cachent derrière ces reproches ?

....

Comment puis-je transformer ces peurs en sources de motivation ?

....

RITUEL 023 Je débunke mes pensées négatives

Toutes nos critiques internes ne sont pas mauvaises. Certaines peuvent même nous faire avancer. L'ikigai repose sur une confiance en soi solide et un regard honnête sur ses forces et ses faiblesses. Faites le tri parmi vos pensées négatives, pour ne retenir que les critiques constructives qui vous permettront d'aller de l'avant !

1 Je repère mes pensées toxiques

Quand une pensée négative surgit, prenez un instant pour analyser le ton que vous employez avec vous-même. Est-ce que vous oseriez parler ainsi à une amie, ou même à une connaissance ? Si la réponse est non, vous êtes probablement face à une pensée toxique ou exagérée. Demandez-vous ensuite si cette critique est réellement constructive. Si elle remet en cause toute votre personne plutôt qu'un comportement précis, c'est clairement un signal d'alerte. Prenez conscience que ces pensées sont souvent l'écho de peurs ou d'insécurités, et non la vérité.

2 Je vérifie les faits

Débunker, c'est jouer les détectives ! Passez vos pensées négatives au crible des faits : sont-elles fondées, biaisées ou exagérées ? Notez chaque pensée négative et contestez-la comme vous le feriez face à une rumeur absurde, en y répondant avec des contre-arguments.

3 Je retiens les critiques constructives

Parmi vos pensées, distinguez celles qui remettent en question un comportement (utile !) de celles qui attaquent votre personne (toxique !). Les critiques constructives sont des opportunités. Prenez note des leçons à en tirer pour ajuster vos actions, sans entamer votre estime.

4 Je me remets en question

La remise en question est une étape clé pour grandir et s'épanouir. Elle vous aide à identifier vos erreurs, à ajuster vos actions et à vous rapprocher de la personne que vous souhaitez devenir. Mais attention : il s'agit de remettre en question vos comportements ou vos choix, pas votre valeur personnelle. Prenez ces moments comme des opportunités d'apprentissage, et non comme des jugements définitifs.

RITUEL 024

Je me détache des apparences

Dans la quête de votre ikigai, il est essentiel de faire tomber les masques. Vous ne vous résumez ni à ce que vous faites, ni à ce que vous possédez, ni à ce à quoi vous ressemblez. Apprenez à voir au-delà pour découvrir votre essence profonde !

1 Je ne me réduis pas à mon métier

Votre métier ne vous définit pas, qu'il soit valorisant ou que vous en ayez honte. Pourquoi ? Parce que ça reviendrait à dire que si, du jour au lendemain, vous vous retrouviez au chômage, vous ne seriez plus rien ! Ou que si vous changiez de job, vous changeriez de personnalité, d'identité. Votre métier peut refléter vos talents ou vos choix, mais pas toute votre identité. Prenez un moment pour réfléchir à ce qui vous rend unique, au-delà de votre job.

2 Je dépasse l'apparence physique

Vous êtes jolie ? Tout le monde le dit ? Ok, mais vous avez aussi beaucoup d'autres qualités ! Et ça marche aussi dans l'autre sens : vous accrocher à vos complexes physiques vous tire vers le bas. Bon, pardon par avance pour le gros cliché suivant (mais parfois ça va mieux en le lisant) : oui, la beauté vient de l'intérieur parce que vous rayonnez. Et ce qui vous fait briller, ne serait-ce pas votre ikigai, justement ? Quand on respire la joie de vivre et qu'on se sent alignée, ça rejaillit automatiquement sur notre physique : il émane de nous une aura, un charisme serein qu'aucune mensuration parfaite ne saurait égaler.

3 Je refuse d'être définie par mes possessions

Si on ne sait pas bien qui on est, on peut aussi s'accrocher inconsciemment à ses possessions, pensant qu'elles nous valorisent. Les objets que vous possédez peuvent être pratiques, beaux ou symboliques, mais ils ne font pas votre valeur et ne vous définissent pas. Imaginez-vous sans ces possessions : qu'est-ce qui resterait de vous ? Appuyez-vous sur les qualités ou les forces intérieures que rien ni personne ne peut vous retirer, même si tout le reste disparaît.

ET MOI DANS TOUT ÇA ?

Une fois que j'ai écarté mon métier, mon physique et mes possessions, que reste-t-il ? J'essaie de décrire mon essence profonde en quelques mots.

....

....

....

....

RITUEL 025

JOURNAL DE BORD

J'enlève mes masques

Être alignée avec votre ikigai, c'est apprendre à être pleinement vous-même, sans faux-semblants. Nous jouons toutes plus ou moins des rôles au quotidien : fille, sœur, collègue, amie, amante, employée, cliente… Mais dans ces interactions, restez-vous fidèle à qui vous êtes ou adaptez-vous parfois votre personnalité au point de vous perdre ? Il est temps de lever les voiles.

Ai-je le sentiment de porter un masque qui m'évite de me montrer telle que je suis, vulnérable et imparfaite ? Si oui, lequel ? Celui de la bonne copine, de la Wonder woman, de la boute-en-train, de la GO qui met l'ambiance et organise tout ?

....

....

....

Est-ce que j'ose me montrer aux autres telle que je suis ou est-ce que je cherche à cacher mes failles derrière un de ces masques ?

....

....

Y a-t-il des situations ou des contextes dans lesquelles je porte souvent ces masques ? Ou au contraire, y a-t-il des moments dans lesquels j'ai l'impression de ne jamais en porter ?

....

....

....

Qu'est-ce qui m'aiderait à abandonner mes masques ?

....

....

RITUEL 026

TEST

J'arrête d'être une « PEOPLE PLEASER »

Vouloir satisfaire tout le monde et être aimée de tous, ça arrive à beaucoup d'entre nous... mais jusqu'à quel point ? Le people-pleasing peut vous éloigner de votre vraie personnalité et, par ricochet, de votre ikigai. Il est temps de repérer cette tendance qui épuise et vous freine. Découvrez si vous êtes une « people pleaser » en passant ce test !

Cochez les affirmations dans lesquelles vous vous reconnaissez :

- ☐ Je fais souvent semblant d'être d'accord avec mon interlocuteur.
- ☐ Je passe mon temps à m'excuser.
- ☐ Je me sens super mal si quelqu'un ne m'aime pas, même si cette personne n'a pas vraiment d'importance dans ma vie.
- ☐ Je déteste les conflits.
- ☐ J'ai du mal à exprimer ce que je ressens.
- ☐ J'ai du mal à dire non.

Vous avez coché plus de 3 affirmations ?

Vous avez une petite tendance à vouloir faire plaisir à tout le monde, ce qui peut, à terme, vous déconnecter de votre personnalité. La meilleure façon de sortir de ce rôle de « people pleaser » pour oser être vraiment vous-même est de vous affirmer ! Entraînez-vous à dire non de temps en temps, sans crainte d'être rejetée et en exprimant ce que vous ressentez aux autres, surtout quand vous estimez qu'ils vous ont fait du mal.

RITUEL 027

Je me méfie des paillettes

L'ikigai repose sur une authenticité profonde. Les tendances et les injonctions extérieures peuvent facilement parasiter cette recherche, en nous faisant croire qu'on aime, qu'on a besoin ou qu'on doit faire certaines choses. Ce rituel vous invite à prendre du recul et à discerner ce qui a réellement du sens pour vous de ce que vous croyez devoir faire, afin d'aligner vos actions avec vos véritables valeurs, goûts et besoins.

1 Je me rappelle que je vis dans une société de consommation

La société de consommation se nourrit de nos manques et nous pousse à faire, aimer ou acheter des choses qui ne nous conviennent pas forcément, juste pour avoir un sentiment d'appartenance à un groupe (ce qui est humain). Et dans un monde où l'on nous pousse à toujours consommer plus, il est facile de se laisser emporter par les tendances et de se retrouver, sans le réaliser, sur un chemin qui n'est pas le nôtre et qui ne mènera pas à notre ikigai. Interrogez vos actions. Sont-elles influencées par des attentes sociales ou par un besoin réel ? Ce premier pas vous aide à reconnaître les influences extérieures qui vous éloignent de votre vrai désir.

2 Je repère les actions qui ne me correspondent pas

Observez attentivement vos comportements : y a-t-il des actions que vous entreprenez uniquement pour plaire aux autres, pour être dans l'air du temps ou pour répondre à une pression sociale ? Soyez honnête avec vous-même et identifiez les choses que vous faites pour attirer le regard des autres, mais qui, au fond, ne sont pas en accord avec vos envies et vos valeurs.

3 Je ne fais que ce qui me correspond vraiment

Ne vous laissez plus guider par la gloire passagère, la reconnaissance ou la hype des réseaux sociaux. Engagez-vous uniquement dans ce qui vous fait vibrer, ce qui est en résonance avec vos envies profondes, ce qui vous procure de la joie, de la satisfaction. Interrogez-vous régulièrement : ce que je fais me rend-il réellement heureuse, ou est-ce juste ce que l'on attend de moi ? Concentrez-vous sur les choses qui vous nourrissent, vous font sentir vivante et vous font grandir.

4 J'opère un retour aux sources

Assumer ses goûts est essentiel pour se forger une personnalité authentique et aller à la rencontre de son ikigai.

RITUEL 028

J'aiguise mon esprit critique

L'esprit critique permet de prendre des décisions éclairées, de se libérer des influences extérieures et de développer une pensée autonome et raisonnée. Le cultiver, c'est se rapprocher de ses valeurs profondes. Ce rituel vous invite à remettre en question les idées reçues, les normes sociales et les croyances que vous avez intégrées au fil du temps. Plutôt que d'accepter passivement des opinions imposées, apprenez à prendre du recul et à définir ce qui résonne véritablement avec vous.

1 Je pense par moi-même

Parfois, sans s'en rendre compte, on adopte des pensées déjà entendues. On peut aussi avoir intégré pas mal de croyances (souvent limitantes, sinon c'est pas drôle) de notre éducation, de nos parents, de notre milieu familial ou professionnel. Commencez par repérer les pensées et croyances qui vous semblent évidentes, mais que vous n'avez jamais vraiment remises en question. Écrivez celles qui vous viennent immédiatement à l'esprit et demandez-vous d'où elles viennent, si vous êtes véritablement d'accord avec et d'après quels arguments. Forgez-vous votre propre opinion, développez votre propre pensée, pour affiner vos convictions personnelles et faire éclore votre véritable personne.

2 Je ne tombe pas dans l'esprit de contradiction

Attention, l'esprit critique n'est pas l'esprit de contradiction ! Prudence, tout n'est pas à jeter, parfois vous pouvez être complètement d'accord avec l'opinion dominante et ce n'est pas grave ! Il s'agit juste de faire un pas de côté et de se poser la question de temps en temps : « Ok, mais est-ce que je suis vraiment d'accord avec ça ? » L'important, c'est de remettre vos croyances en question, surtout si elles vous freinent, vous emprisonnent et si vous sentez qu'elles ne sont pas en accord avec celle que vous voulez être, pour vous en libérer.

ET MOI DANS TOUT ÇA ?

Ai-je l'impression de penser par moi-même ?

....

....

Comment pourrais-je développer mon esprit critique ?

....

....

RITUEL **029**

JOURNAL DE BORD

Je dis stop aux injonctions

La société nous impose souvent des injonctions qui nous encombrent l'esprit et, parfois, nous empêchent d'avancer dans la bonne direction. Prenez un temps pour réfléchir aux clichés et croyances les plus courants pour mieux vous en libérer.

Pour chaque cliché/injonction/croyance, j'indique si j'y crois ou pas (5 = j'y crois à fond et 1 = je n'y crois pas du tout) :

L'amour dure 3 ans :

1 2 3 4 5

Il faut souffrir pour être belle :

1 2 3 4 5

Un véritable artiste ne peut être que malheureux, le bonheur est l'ennemi de la créativité :

1 2 3 4 5

À 30 ans, il faut que je sois en couple et si possible déjà maman :

1 2 3 4 5

Il faut que je trouve un job qui ait du sens :

1 2 3 4 5

Être célèbre, c'est génial :

1 2 3 4 5

Les hommes sont infidèles par nature :

1 2 3 4 5

Autres :

.... :

1 2 3 4 5

.... :

1 2 3 4 5

.... :

1 2 3 4 5

Pour chaque cliché évalué à 3 et plus, quelle est ma véritable conviction quand j'y réfléchis ?

....

....

....

RITUEL 030

J'ose prendre position

L'ikigai repose sur l'authenticité et l'alignement avec vos valeurs profondes, que vous n'osez pas toujours exprimer pleinement. Affirmer ses convictions peut sembler difficile, mais c'est une compétence qui se cultive ! Voici un exercice idéal pour apprendre à défendre vos idées face à la pensée dominante. En plus de renforcer votre confiance en vous, il vous rapproche de ce qui vous anime réellement.

1 Je choisis une polémique actuelle

Sélectionnez un sujet qui fait débat autour de vous ou dans les médias. Cela peut être une question sociale, politique ou environnementale. L'idée est de trouver un sujet qui vous interpelle et sur lequel vous avez une opinion.

2 Je prends note des opinions dominantes

Observez ce que les autres disent et pensent à propos de cette polémique. Que vous soyez en famille, entre amis ou sur les réseaux sociaux, notez les arguments principaux qui circulent. Cela vous permettra de comprendre les idées dominantes et de vous préparer à analyser si vous vous y retrouvez ou non.

3 J'exprime mon avis

Osez émettre un avis contraire (si vous en êtes convaincue, bien sûr) ou nuancez juste les propos.

4 Je m'entraîne en privé si nécessaire

Si vous n'êtes pas prête à exprimer publiquement vos opinions, entraînez-vous sur une feuille de papier. C'est un peu le principe de l'avocat du diable, sauf qu'ici vous défendez vos propres convictions. Notez vos arguments sur papier pour tester vos idées et les structurer. Cela vous aidera à prendre plus facilement position la prochaine fois que l'occasion se présentera, avec confiance et sérénité.

ET MOI DANS TOUT ÇA ?

Est-ce que je me sens à l'aise de donner mon avis lorsqu'il est impopulaire ?

....

....

....

....

RITUEL 031

JOURNAL DE BORD

Je fuis la comparaison

Se comparer aux autres, c'est humain, mais cela peut nous éloigner de nous-même. Dans la philosophie ikigai, on cherche plutôt ce qui nous rend unique. En cessant de jalouser ou d'idéaliser, vous vous recentrez sur vos propres envies et valeurs, sans être parasitée par des illusions extérieures. Faites le point sur votre rapport aux autres et à la comparaison !

Est-ce que je me compare souvent aux autres ?

....

Dans quels domaines ?

....

Qu'est-ce que ça révèle de mes insécurités ?

....

Le mal qu'on pense ou dit de notre entourage, les reproches qu'on leur fait en disent long sur ce qu'on pense de soi. Nos jugements, nos reproches envers les autres sont souvent des défauts qu'on ne veut pas accepter chez nous. Finalement, les autres ne sont qu'un miroir de nous-même.

Quelles sont les critiques que je formule le plus à l'égard de mon entourage ?

....

....

Qu'est-ce que ça dit de moi ?

....

....

RITUEL 032 Je vise à être la meilleure version de moi-même

On se compare souvent, mais une seule comparaison est vraiment utile et productive : celle avec son moi d'hier. Dans l'esprit de l'empowerment, il ne s'agit pas d'être « meilleure que les autres », mais de viser la meilleure version de soi-même. L'ikigai repose sur l'épanouissement et le progrès personnel : grâce à ce rituel, mesurez le chemin parcouru et celui qui reste à parcourir. Un boost positif pour avancer, en restant fidèle à vos valeurs !

1. Chaque année, posez-vous pour faire un petit bilan : regardez ce que vous avez accompli.
2. Félicitez-vous pour vos progrès, vos réussites.
3. Repérez ce que vous voulez cultiver dans votre vie.
4. Boostez-vous pour l'obtenir avec des challenges, des défis (positifs, motivants et ludiques, pas plombants et stressants !). Le but ? Ne pas faire mieux que les autres mais encore mieux que l'année précédente.

ET MOI DANS TOUT ÇA ?

De quand date la dernière fois où je me suis réjouie de mes progrès ?

....

....

De quelles réussites récentes suis-je le plus fière ?

....

....

Dans quels domaines ai-je envie de devenir meilleure ?

....

....

Quels challenges positifs pourrais-je me fixer ?

....

....

RITUEL 033

JOURNAL DE BORD

Je me donne du love

Nous arrivons souvent plus facilement à nous concentrer sur nos défauts et nos imperfections que sur nos qualités. Il est naturel de douter de soi, parfois même c'est sain, mais pour que ces doutes ne deviennent pas des obstacles, il est important de contrebalancer et de nourrir l'amour de soi. Renversez la tendance et passez en mode louange !

Je fais ici mon éloge, je me couvre de compliments, je peux même en rajouter (c'est le jeu !), en m'appuyant sur des traits de personnalité bien réels.

....

....

....

....

....

....

....

....

Mettez-vous enfin en tête que vous êtes FOR-MI-DABLE, et que vous avez le droit d'être heureuse et en phase avec votre ikigai ! L'heure est au love et à la confiance en soi !

RITUEL 034

JOURNAL DE BORD

J'imagine ma vie sans freins

Imaginez une vie sans limites, dans laquelle vos doutes et croyances limitantes n'auraient plus leur place. Ce rituel est une invitation à voir plus loin, à oser envisager une existence où vous êtes véritablement vous-même. En vous projetant dans cet univers sans entraves, vous pourrez vous ouvrir davantage à une vie où votre ikigai pourra enfin s'épanouir complètement.

Si rien ne m'empêchait d'être moi-même, qu'est-ce que je ferais différemment dès demain ?

....

....

Quelles décisions oserais-je prendre si je me pensais capable de tout et que je n'avais plus peur de rien ?

....

....

Quels rêves ai-je mis de côté parce que je pensais qu'ils étaient hors de ma portée ?

....

....

À quoi ressemblerait ma journée parfaite si je pouvais être totalement libre de mes choix ?

....

....

....

....

LIBÉRER SON PLEIN POTENTIEL

Il y a celle que vous n'êtes pas (ou plus), celle que vous êtes (là maintenant) et puis, il y a celle que vous pouvez être ! Notre ikigai ne demande qu'à sortir, à briller, à nous embraser, mais parfois on ne le laisse pas faire. Forces obscures, démons, dark side de l'ikigai… on les dégomme pour enfin rayonner ! En faisant face à vos freins psychologiques, vous allez enfin découvrir votre potentiel caché et oser prendre votre place dans le monde. Ça vous tente ?

RITUEL 035

Je dépasse le syndrome de l'imposteur

Le syndrome de l'imposteur, ça vous parle ? Cette petite voix intérieure qui minimise vos succès et vous fait douter de vos capacités, malgré les retours positifs ? Il est temps de la faire taire pour déployer tout votre potentiel. À travers ce rituel, apprenez à reconnaître vos réussites, à les accueillir pleinement, et à transformer ces doutes en une confiance solide, alignée avec votre ikigai.

1 Je reconnais ma valeur

Face au syndrome de l'imposteur, il y a deux façons de réagir. On peut se retrousser les manches et vouloir en faire toujours plus en mode perfectionniste. Dans ce cas, on se dira qu'on aurait pu faire mieux. Ou alors on choisit d'en faire le moins possible et on procrastine un max pour tout finir à l'arrache, dans l'urgence. Et si, par miracle, on réussit, on pourra mettre tout ça sur le dos de la chance. En fait, c'est pratique, ça nous conforte dans l'idée qu'on est assez médiocre dans les deux cas. Laissez tout ça derrière vous, soyez objective et faites-vous confiance !

2 J'écoute les retours positifs

D'un côté, vous pensez que les autres sont bien plus talentueux que vous et feraient beaucoup mieux à votre place ; de l'autre, si ces mêmes personnes se mettent à vous complimenter, vous féliciter, vous engager ou vous admirer... vous ne les croyez pas. Et s'ils vous critiquent ? Ça vous conforte dans votre opinion que vous n'êtes pas à la hauteur. Entraînez-vous à accepter les compliments sans tout le temps les remettre en question et acceptez les critiques comme des pistes d'amélioration.

3 J'assume ma réussite

Rassurez-vous, si vous avez peur de vous « la péter », c'est probablement que vous en êtes loin. La fierté est un sentiment de satisfaction intérieure très agréable : ne vous en privez pas ! Accordez-vous le droit de ressentir de la fierté (bien placée) de temps en temps et de célébrer vos victoires !

ET MOI DANS TOUT ÇA ?

Quelles sont mes réussites ?

....

Quelles sont mes capacités ?

....

Est-ce que j'arrive à les reconnaître ?

....

RITUEL 036 Je fais le portrait-robot de ma personnalité

Quand on se sent un peu perdue, il peut être difficile de se voir telle que l'on est et de se comprendre soi-même. Un excellent moyen d'y voir plus clair est de demander à des proches de décrire votre personnalité. Leurs réponses sincères vous aideront à mieux cerner vos qualités, vos points forts, vos compétences, les contours de votre caractère. Vous vous découvrirez peut-être sous un nouveau jour !

1 J'interroge mes proches

Choisissez des personnes dont vous êtes vraiment proche, dont vous pensez qu'elles vous connaissent bien et pourront répondre sincèrement et honnêtement par mail à ces 4 questions :

- Quand tu penses à moi, quelle est la qualité qui te vient tout de suite à l'esprit ?
- Quels sont pour toi les traits de personnalité et attitudes qui me caractérisent ?
- Y a-t-il quelque chose qui t'inspire chez moi ?
- En tant qu'ami(e), tu sais que tu peux compter sur moi pour...

2 Je croise les réponses

Multipliez les sources (si possible) et repérez les éléments qui reviennent souvent dans les réponses de votre entourage. Ils mettront peut-être en lumière des facettes de vous que vous n'explorez pas suffisamment et qui pourront vous aider dans la recherche de votre ikigai.

ET MOI DANS TOUT ÇA ?

Quelles sont les 3 qualités qui sont le plus revenues dans les réponses de mes proches ?

....

....

Y a-t-il des réponses qui m'ont fortement surprise ? Auxquelles je ne m'attendais pas du tout ?

....

....

Est-ce que cela m'a permis de porter un autre regard sur moi ? Sur le sens que je donne à ma vie ?

....

....

RITUEL
037

JOURNAL DE BORD

Je trouve l'inspiration avec l'ikebana

L'ikebana, art japonais de l'arrangement floral, reflète l'harmonie entre la nature et les émotions. En vous inspirant de cette pratique, explorez vos ressentis et développez une meilleure connaissance de vous-même, essentielle pour déployer votre plein potentiel et avancer vers votre ikigai. Chaque jour, pendant un mois, coloriez un pétale de la fleur ci-dessous, en suivant la légende, et laissez vos émotions guider votre introspection.

La légende

Jaune pour la joie
Vert pour la sérénité
Orange pour la productivité
Rouge pour la colère
Rose pour l'émerveillement
Bleu pour la fierté
Marron pour la confusion
Gris pour la tristesse
Noir pour l'angoisse

RITUEL 038

J'élimine ma peur d'échouer

La peur d'échouer est souvent un frein invisible qui limite nos ambitions et bloque notre progression. Pour déployer votre plein potentiel et avancer sereinement vers votre ikigai, apprenez à transformer cette peur en moteur. Identifiez vos craintes, déconstruisez-les pas à pas, et remplacez-les par une confiance solide dans vos capacités à rebondir et à réussir. Beau programme, non ?

1 J'envisage le pire

Demandez-vous ce qui pourrait arriver de pire si vous osiez vous lancer. En écrivant ce scénario du pire, il y a des chances que vous vous rendiez compte qu'il n'est pas si terrible que ça.

2 Je réfléchis à des solutions

Si ce scénario du pire vous semble toujours aussi terrifiant et qu'il vous empêche encore d'agir, réfléchissez en notant sur une feuille de papier tout ce que vous pourriez faire, dans ce cas, pour régler la situation ou minimiser ses conséquences.

3 Je persévère

Échouer une fois et ne plus rien tenter après n'est pas suffisant. Plus vous serez confrontée à l'échec, moins il vous fera peur. Le vrai mode warrior pour se dépasser et découvrir son potentiel caché, c'est de continuer à tenter des choses même après un échec cuisant (ou plusieurs !).

ET MOI DANS TOUT ÇA ?

Quel est mon rapport à l'échec ?

....

....

La peur d'échouer m'a-t-elle déjà empêchée de passer à l'action ?

....

....

RITUEL 039

Je transcende mes échecs

Pour réaliser tout votre potentiel, il est essentiel de ne pas se laisser abattre par les échecs, mais d'y voir une occasion de grandir. En apprenant à transcender vos ratés et à les célébrer, vous vous ouvrez à de nouvelles perspectives et renforcerez votre confiance. Ce rituel vous invite à changer votre regard sur l'échec et à en faire une force pour avancer vers votre ikigai.

1 Je vois l'échec comme une expérience

Le but de toute action doit avant tout être l'expérience en elle-même, la joie qu'elle nous procure et la curiosité d'en apprendre plus sur nous en chemin. Pas la réussite à tout prix. Il ne faut pas fuir l'échec et il ne faut pas en avoir honte. Au contraire, il faut oser s'y confronter : plus vous vivrez d'échecs, plus cela indique votre courage d'être dans l'action, et que vous ne choisissez pas la solution de facilité : vous pouvez donc en être fière ! L'échec vous renseigne sur votre ikigai : vous avez tenté, échoué et vous avez tout de suite envie de persévérer, de recommencer, de mieux faire, impossible d'abandonner ? C'est que ça vous tenait vraiment à cœur et que votre ikigai n'est pas loin.

2 J'apprends de mes échecs

Il y a deux sortes d'échec : faire toujours les mêmes erreurs et n'en tirer aucune leçon ou ne rien oser par peur de l'échec, c'est tout. Tenter, oser, c'est faire preuve de courage et ne pas vivre avec des regrets ou un sentiment d'inachevé : quand on se lance, on est toujours gagnante. En somme, on ne perd jamais : soit on gagne, soit on apprend !

3 Je ne remets pas en cause toute ma personne

Ok, vous vous êtes plantée, mais ça ne veut pas dire que vous êtes nulle. Vous pouvez remettre en question certains choix, attitudes ou comportements qui vous ont amenée à cet échec, mais pas toute votre personne ! Examinez très attentivement et objectivement les causes de votre échec. Étiez-vous mal préparée, par exemple ?

4 Je ne laisse pas un échec remettre en cause mes réussites passées

Quand vous vous dévalorisez après avoir échoué, rappelez-vous tout ce que vous avez accompli de vraiment chouette jusqu'ici : ça devrait rebooster votre confiance en berne.

ET MOI DANS TOUT ÇA ?

Les échecs qui m'empêchent d'avancer et sur lesquels je veux travailler

1. ....
2. ....
3. ....

RITUEL 040

JOURNAL DE BORD

J'évite les pièges de la routine

Prenez garde à la zone de confort, ce que vous connaissez bien, ce que vous savez faire, ce dont vous avez l'habitude ! Oui, cette petite routine perso nous rassure, elle nous évite de nous mettre en permanence en danger et nous apporte un peu de répit. Oui mais... être confortable ne veut pas forcément dire être heureuse et sereine. Effectivement, dans cette zone, pas de mauvaises surprises, mais pas de bonnes non plus. Faites le point sur vos habitudes !

Ai-je l'impression de rester dans une zone de confort ?

....

....

À quels domaines de ma vie je n'ose pas apporter de changements ?

....

....

....

Est-ce que la routine me rassure ? Ou m'angoisse-t-elle plutôt ?

....

....

....

Est-ce que je change souvent mes habitudes ?

....

....

....

RITUEL 041

JOURNAL DE BORD

J'entre dans la zone d'apprentissage

Pour ne pas passer une vie toute entière coincée dans votre zone de confort, aux opportunités limitées, mettez un petit orteil dehors pour apprendre de nouvelles choses et vivre de nouvelles expériences ! Commencez par des choses simples : suivre une formation en ligne, apprendre une langue étrangère, arpenter les musées, faire de chouettes voyages... c'est de la nouveauté, mais sans mise en danger. Rien d'insurmontable mais un premier pas vers de nouveaux horizons !

Qu'est-ce que j'ai envie d'apprendre ? Je le liste ici :

RITUEL 042 Je multiplie les premières fois

Autre façon de sortir de sa zone de confort et de vous réaliser : multiplier les premières fois. Elles sont l'essence même de l'aventure et du dépassement de soi. Chaque expérience nouvelle vous pousse à grandir, à explorer votre potentiel et à enrichir votre ikigai. Osez l'inconnu : c'est là que la magie opère !

1 Je frappe à la porte de l'inconnu

Au-delà de la zone d'apprentissage, il y a la zone magique ! Et il y a quoi là-bas ? On ne sait pas, on n'y est encore jamais allée. C'est plutôt flippant et, pour le moment, ce serait plutôt notre zone de panique. Pourquoi cette zone de magie est-elle aussi flippante ? Car c'est l'inconnu. On ne sait pas ce qu'on va y trouver, et surtout on ne sait pas du tout comment on va s'y comporter : est-ce qu'on va réussir, est-ce qu'on va le regretter ?

2 J'apprivoise l'inconfort

Quitter son CDI douillet pour monter sa boîte ou faire un tour du monde en solo sont de bons exemples : on ne peut pas prévoir avec exactitude comment ça va se passer. Oui mais voilà, tout ce qui est top et sort de l'ordinaire va avec une part d'inconfort. Pourquoi ? Parce que l'inconfort, c'est la vie ! On ne dit pas qu'il est facile de sortir de sa zone de confort, mais le sentiment de fierté et d'accomplissement à la clé vaut tous les efforts entrepris.

WISHLIST

Les premières fois que j'ai envie de vivre cette semaine

....

....

....

....

3 Je me lance

Vous n'êtes pas obligée de commencer tout de suite par un saut en parachute non plus. Pour vous motiver, réfléchissez à toutes ces premières fois que vous avez déjà vécues : votre vie aurait sacrément moins de saveur si vous n'aviez pas osé prendre le risque de ces découvertes, non ?

4 Je fais preuve de courage

Rappelez-vous que le courage, ce n'est pas d'avoir peur mais d'agir malgré la peur. La peur peut être un frein mais elle peut être aussi un moteur, si on fait preuve de courage. À vous de choisir d'en faire une force : *you can do it* !

RITUEL
043

JOURNAL DE BORD

Je pitche ma vie

Quel est votre potentiel ? Faites le point sur votre vie avec ce petit exercice ludique qui va vous permettre de prendre du recul sur votre histoire, de voir tout le chemin parcouru jusqu'ici pour ensuite mieux vous projeter dans votre ikigai.

J'écris le pitch de ma vie en 3 lignes max, comme si j'étais un personnage de série TV.

Par exemple, Monica de Friends : « Monica est une jeune femme brune trentenaire qui a été obèse pendant son enfance et son adolescence. Obsédée par l'ordre et la propreté, c'est une cuisinière hors pair, elle en a d'ailleurs fait son métier, qu'elle adore. Toujours prête à recevoir, à écouter et à donner de bons conseils, Monica a bon cœur et est une amie un peu "mère poule". »

....

....

....

Ça va vous pousser à réfléchir à votre personnalité et à découvrir la façon dont vous vous voyez vraiment. Soyez honnête mais bienveillante dans votre description.

Votre série cartonne...

Je pitche la suite de ma vie : qu'arrive-t-il ensuite à cette (super) héroïne qui a déployé ses ailes ? Quels choix va-t-elle faire, quel chemin va-t-elle suivre, quelles aventures exaltantes va-t-elle vivre ? Quel job fait-elle ? Où vit-elle ? Avec qui ?

Ne vous censurez pas, autorisez-vous à rêver en grand, en mode Hollywood ! Posez-vous au calme et écrivez d'une traite ce qui vous passe par la tête.

....

....

....

....

RITUEL 044

JOURNAL DE BORD

Je fais le bilan des trois premières saisons de ma vie

Ce rituel a pour buts de vous faire prendre conscience de tout ce que vous avez déjà accompli et de regarder en face ce dont vous êtes moins fière afin d'en tirer des leçons pour l'avenir. Ces moments vous ont aussi façonnée et les mettre sous le tapis vous couperait d'une partie importante de vous-même. Voyez votre enfance, votre adolescence et le début de votre vie d'adulte comme les 3 premières saisons de votre vie !

Saison 1 - Mon enfance

Les meilleurs épisodes (vos fiertés, grandes joies et petits plaisirs, vos rencontres déterminantes, les grandes décisions qui vous ont façonnée et vos succès) :

....

....

....

....

....

Quelles scènes j'aurais aimé couper au montage (par exemple, vos échecs, vos doutes, des aléas de la vie, des rencontres pas top) ? Pourquoi ?

....

....

....

....

....

....

Saison 2 - Mon adolescence

Les meilleurs épisodes (vos fiertés, grandes joies et petits plaisirs, vos rencontres déterminantes, les grandes décisions qui vous ont façonnée et vos succès) :

....

....

....

....

....

Quelles scènes j'aurais aimé couper au montage ? Pourquoi ?

....

....

....

....

....

Saison 3 - Le début de ma vie d'adulte

Les meilleurs épisodes (vos fiertés, grandes joies et petits plaisirs, vos rencontres déterminantes, les grandes décisions qui vous ont façonnée et vos succès) :

....

....

....

....

....

Quelles scènes j'aurais aimé couper au montage ? Pourquoi ?

....

....

....

....

TROUVER SES CENTRES D'INTÉRÊT (CE QU'ON AIME FAIRE)

Le but est de définir ce qui vous procure du plaisir, vous rend curieuse, vous stimule, vous inspire, vous amuse… bref, ce qui vous rend heureuse ! Pourquoi ? Pour vous mettre sur la piste de votre véritable passion. C'est la première des quatre composantes de la méthode : le cercle de la joie de vivre, une composante essentielle de l'ikigai.

RITUEL 045

JOURNAL DE BORD

Je repère ce qui me saoule

Pas toujours évident de savoir ce qu'on veut, mais on repère vite ce qu'on ne veut pas ou plus (surtout si vous avez une petite tendance à râler !). Idem pour ce qu'on aime ou non. Alors, avant de réfléchir à ce qui vous fait vibrer, prenez le problème à l'envers : listez ce qui vous ennuie ou vous agace. Par élimination, c'est une excellente piste pour avancer vers ce qui vous plaît vraiment !

Au travail

....

Dans ma vie perso

....

Dans les tâches du quotidien

....

Dans la société

....

Tips

Notez ci-dessus tout ce qui vous passe par la tête, mais si possible en un mot (verbe, nom) ou une expression, pour plus de clarté.

Y a-t-il un point commun entre mes réponses ? Si oui, lequel ?

....

Quel serait l'exact opposé de cette chose que je déteste tant ?

....

RITUEL 046

JOURNAL DE BORD

J'affine mes goûts

Qu'est-ce qui vous procure du plaisir, vous stimule, vous inspire ou vous amuse au point de vous faire sourire rien qu'en y pensant ? Ce rituel va vous aider à révéler vos préférences et à cerner ce qui nourrit votre curiosité et votre bonheur. En identifiant ces sources de joie, vous vous rapprochez pas à pas de votre véritable passion… et de votre ikigai !

Mes 3 livres préférés

1. ....
2. ....
3. ....

Mes 3 séries préférées

1. ....
2. ....
3. ....

Mes 3 films préférés

1. ....
2. ....
3. ....

Mes 3 artistes préféré(e)s

1. ....
2. ....
3. ....

Y a-t-il un point commun entre mes réponses ? Si oui, lequel ?

....

....

....

....

....

Qu'est-ce que ça dit, en filigrane, de mes goûts ?

....

....

....

RITUEL 047

JOURNAL DE BORD

Je creuse mes centres d'intérêt

Vos centres d'intérêt sont des fenêtres sur ce qui vous passionne réellement. En identifiant ce qui attise votre curiosité et en explorant vos activités créatives, vous débusquerez des indices sur ce qui vous anime profondément. Observez bien ce qui capte votre attention, chaque piste vous rapproche un peu plus de ce que vous aimez vraiment !

Si je devais écrire un livre, un mémoire, ou bien réaliser un documentaire sur un sujet pratique, sociétal ou historique, sur quel sujet porterait-il ?

....

....

....

Quelle thématique m'intriguerait assez pour que je prenne du plaisir à y consacrer des heures de recherches, de réflexion et de travail créatif ?

....

....

....

Il est important que les recherches sur ce sujet vous inspirent, vous apportent quelque chose d'important au niveau personnel, intellectuel, émotionnel, c'est-à-dire plus qu'un bon diplôme, une ligne sur votre CV ou la reconnaissance.

Pourquoi ce sujet me fascine-t-il ? En quoi pique-t-il ma curiosité ?

....

....

....

Dans mon fil Instagram, mon feed Facebook et mes TikTok, qu'est-ce qui revient le plus souvent ?

....

....

....

Nos réseaux sociaux sont souvent le miroir de nos intérêts : ce que l'on poste, like ou partage dit des choses de nous. Fouiller vos réseaux sociaux pourrait bien vous aider à mettre le doigt sur ce que vous aimez par-dessus tout.

Sur Insta, est-ce que je photographie plutôt mes plats, la nature, les gens ?

....

....

....

Quel type d'articles je partage le plus ?

....

....

....

Que racontent mes stories ?

....

....

....

....

RITUEL 048

JOURNAL DE BORD

Je trouve mes activités favorites

Parmi ce qu'on aime, il y a ce qu'on aime faire. Les activités qui nous amusent, nous inspirent ou nous passionnent disent beaucoup de ce qui nous anime profondément. En les identifiant, vous pourrez mieux comprendre ce qui vous fait vibrer, ce qui vous nourrit et ce qui pourrait devenir une véritable passion.

Quelles activités me mettent en joie, me font du bien, m'apaisent... ? Je liste tout, sans réfléchir :

....

....

....

Parmi cette liste, quelles sont les activités (maximum 3) qui m'absorbent complètement, où je perds la notion du temps et ressens une concentration totale, celles qui peuvent me mettre en état de flow ?

....

....

....

Quelles activités sont tellement importantes pour moi que j'accepte volontiers leurs côtés moins agréables ?

Exemple : un écrivain accepte que sa passion pour l'écriture l'oblige à mener une vie un peu solitaire.

....

....

....

....

RITUEL

049

JOURNAL DE BORD

Je découvre mes passions dormantes

Lever le voile sur vos passions cachées, celles que vous avez peut-être oubliées ou jamais osé explorer, peut vous aider à mieux cerner ce qui vous fait vibrer. Parfois, il suffit de se reconnecter à ce que l'on aimait dans le passé ou de se laisser surprendre par ce qui nous touche aujourd'hui pour retrouver ce qui fait réellement battre notre cœur.

À quoi est-ce que j'occupais mes journées quand j'étais enfant ?

....

....

Qu'est-ce qui me chamboule ? Quelle expérience vraiment belle et agréable m'a déjà émue aux larmes ?

....

....

....

Quelles sont les expériences que je n'ai jamais osé tenter jusque-là et dont je rêve secrètement ?

....

....

....

Quelles passions dormantes se cachent derrière mes réponses ?

....

....

....

RITUEL 050

Je trouve ce que j'aime particulièrement

C'est le moment de remplir le cercle « ce que j'aime » ! L'objectif est d'identifier ce qui vous procure plaisir, curiosité, stimulation et inspiration… bref, ce qui vous rend heureuse ! C'est le cercle de la joie de vivre.

1 Je cherche les similarités

Vous n'avez pas de grande passion qui vous anime ? Vous n'êtes pas la seule ! Une grande majorité de gens (environ 80 %) n'a pas de passion identifiée : ne vous mettez pas la pression pour la trouver tout de suite. Commencez par débroussailler le terrain en trouvant des points communs entre toutes les activités qui vous mettent en joie.

2 Je garde l'esprit ouvert

Vous avez déjà une passion bien identifiée ? N'hésitez pas à vous prêter au jeu en mettant de côté cette passion évidente, vous pourriez peut-être en trouver d'autres (une passion peut en cacher une autre !).

3 Je trouve le fil rouge de mes réponses

Vous avez exploré vos goûts, hobbies et centres d'intérêt. Quel est le fil rouge, le point commun, le mot-clé, l'évidence qui se dégage de vos réponses ? Déterminez l'activité, le domaine, l'univers n° 1 qui vous anime et que vous souhaitez cultiver. Si vous en avez plusieurs *ex æquo*, notez-les tous en essayant de les classer par ordre d'importance.

MON ENQUÊTE IKIGAI

Ce que j'aime particulièrement :

………………………………………………………………

………………………………………………………………

Reportez votre réponse sur le diagramme de l'ikigai (rituel 64) dans le cercle « ce que j'aime ».

TROUVER SES TALENTS
(CE POUR QUOI ON EST DOUÉE)

Le but est d'identifier maintenant vos compétences, facilités et accomplissements, ce qui vous rend fière, ce qui vous permet de vous sentir à votre place, dans votre élément. Sentir qu'on a quelque chose d'unique à apporter est la clé de la motivation et de l'accomplissement de soi. C'est la deuxième des quatre composantes de la méthode ikigai.

RITUEL
051

JOURNAL DE BORD

J'enquête sur mes qualités

Difficile de donner 5 de vos qualités, vous allez peut-être sécher ou bien vous sous-estimer (ou vous surestimer, selon votre personnalité). Et si vous demandiez un petit feedback à vos proches pour vous mettre sur la piste ? Vous pouvez aussi vous appuyer sur les compliments qu'on vous fait souvent, ou ceux qu'on vous a faits qui vous ont le plus touchée.

5 qualités données par ma famille (parents, frères et sœurs...)

1. ....
2. ....
3. ....
4. ....
5. ....

5 qualités données par mes collègues de travail

1. ....
2. ....
3. ....
4. ....
5. ....

5 qualités données par mes ami(e)s

1. ....
2. ....
3. ....
4. ....
5. ....

5 compliments qui reviennent souvent à mon sujet ou qui m'ont particulièrement touchée

1. ....
2. ....
3. ....
4. ....
5. ....

RITUEL 052

JOURNAL DE BORD

J'arrête la fausse modestie

Oubliez les excuses et les faux-semblants ! Oui, vous êtes pleine de talents (remplacez par « compétences », « capacités » ou « facilités » si le mot vous effraie), et il est grand temps de les reconnaître sans réserve. N'ayez ni peur de vous vanter ni de vous sous-estimer, soyez simplement lucide sur ce que vous savez faire de mieux. À travers ce rituel, découvrez tout ce qui fait de vous une personne unique et pleine de ressources !

Quelles sont les activités ou tâches que je trouve faciles ou naturelles, alors que d'autres les trouvent difficiles ou demandent mon aide ? (Pensez aussi bien au travail, qu'à vos études, loisirs ou vie personnelle.)

....

....

....

Si je devais enseigner quelque chose à quelqu'un d'autre, qu'est-ce que je me sentirais confiante de transmettre ou d'expliquer facilement ?

....

....

Qu'est-ce que je réussis à tous les coups ?

....

....

Dans quelles conditions est-ce que je révèle le plus mes talents ? (au calme chez moi, ou au contraire dans un café, entourée de monde, dans la nature...)

....

....

RITUEL 053

JOURNAL DE BORD

Je valorise mes accomplissements

Oser être fière de ce que vous avez accompli, c'est bien plus que célébrer vos réussites. C'est reconnaître vos qualités uniques et avancer sur la découverte des talents, visibles ou cachés, qui pourront s'exprimer dans votre ikigai. Faites le point sur vos accomplissements !

Quelles sont les 3 plus grandes réussites de ma vie ?

1. ....
2. ....
3. ....

Quelles compétences ai-je mises en œuvre pour y arriver ?

....

....

....

....

Ne minimisez pas vos succès ! Creusez pour découvrir les qualités, les compétences, les talents que vous avez dû déployer (parfois sans même vous en rendre compte) pour arriver à vos fins.

Parmi ces réussites, de quoi êtes-vous le plus fière ? Pourquoi ?

....

....

....

....

RITUEL 054

JOURNAL DE BORD

Je trouve mon talent unique

Vous voilà sur le point de remplir le cercle « ce pour quoi vous êtes douée » de votre diagramme ikigai ! L'objectif est de mettre en lumière vos compétences, vos facilités et tout ce qui vous rend fière. Ces éléments sont ceux qui vous placent dans votre élément, ils vont vous permettre de manifester votre plus grand talent. En avant !

1 Je ne confonds pas « talent » et « génie »

Le mot « talent » vous paraît un peu prétentieux ? No pressure ! Vous n'allez pas forcément vous découvrir avec ce cercle un « incroyable talent » (si vous saviez jongler avec vos pieds, vous le sauriez déjà !) et ce n'est pas grave. Ne cherchez pas non plus la perfection dans un domaine. On l'a vu, ça n'existe pas : personne ne peut être l'écolo parfait, la bienveillance incarnée ou experte en tout, même Beyoncé. Vous avez le droit de vous considérer comme douée pour la guitare sans être Jimi Hendrix, de cuisiner de succulents curries sans vous sentir capable de gagner la finale de *Top chef*.

2 Je ne confonds pas « talent » et « expertise »

La différence entre les deux ? La persévérance ! Apprendre est aussi un talent et c'est souvent celui qui fait la différence. On considère qu'il faut environ 10 000 heures de pratique pour devenir expert d'un sujet. Vous pouvez donc noter aussi dans ce cercle certains talents cachés que vous ne maîtrisez pas exactement à la perfection, mais que vous souhaitez développer… ne vous brimez pas !

3 Je n'oublie pas les talents qui sommeillent en moi

Élargissez vos champs de compétence et pensez aussi aux talents qui sommeillent en vous. Considérez les talents que vous aimeriez davantage explorer.

4 Je trouve le fil rouge de mes réponses

Quel point commun, mot-clé ou évidence ressort de vos réponses ? Si vous ne parvenez pas à vous décider, n'hésitez pas à noter plusieurs de vos talents. Vous choisirez à la fin celui qui complète le mieux les autres cercles.

MON ENQUÊTE IKIGAI

Ce pour quoi je suis particulièrement douée :

....

....

Reportez votre réponse sur le diagramme de l'ikigai (rituel 64) dans le cercle « ce pour quoi je suis douée ».

TROUVER SES POSSIBILITÉS (CE POUR QUOI ON PEUT ÊTRE PAYÉE)

En faisant le lien avec vos besoins économiques (ce pour quoi les autres sont prêts à vous payer), s'il y a un marché, vous pouvez peut-être vivre de votre passion, de vos talents d'une manière ou d'une autre. Eh oui, la joie de vivre votre passion et la fierté qui en découle ne sont rien sans la sécurité d'une rémunération pour vivre sans angoisse. Dans ce cercle, on touche à l'une des composantes de la profession (avec les talents). C'est la troisième des quatre composantes de la méthode ikigai.

RITUEL 055

JOURNAL DE BORD

J'estime mes besoins économiques

Pour vivre pleinement votre ikigai, il est essentiel de trouver un équilibre entre passion et sécurité financière. Grâce à ce rituel, estimez ce qu'il vous faut pour poursuivre vos rêves en toute sérénité !

À combien s'élèvent mes dépenses fixes mensuelles (loyer, alimentation, transport…) ?

....

....

Combien est-ce j'aimerais économiser chaque mois ?

....

....

Ai-je d'autres sources de revenus que mon salaire ?

....

....

Quel montant de revenu mensuel me permettrait de vivre sereinement ?

....

....

No pressure ! On s'imagine que c'est là que tout se joue ! Il faut absolument trouver un job qui ait du sens et qui paie un minimum. Dans l'idéal, puisqu'on y passe 7 heures par jour (plus ou moins), on souhaiterait qu'il concrétise à lui seul tout ce qu'on aime et ce pour quoi on est douée, voire carrément les besoins du monde. Stop, on relâche la pression ! L'ikigai, ce n'est pas juste votre job, ou en tout cas, ce n'est pas obligé ! Même si, on l'avoue, ce serait le top, ce serait mettre beaucoup trop de pression sur ce qui vous rapporte de l'argent et ce n'est pas à la portée de tout le monde.

RITUEL 056

Je liste mes jobs de rêve

Les métiers que l'on rêve de faire ne sortent généralement pas de nulle part. Souvent, on s'empêche de se lancer dans une voie à cause de croyances limitantes, qu'on peut déconstruire pour réaliser ses rêves. On peut aussi y trouver simplement de l'inspiration, une appétence pour un domaine. Ne vous bridez plus et laissez-vous l'opportunité de devenir la professionnelle que vous avez toujours imaginé !

1. Dressez la liste de vos jobs de rêve (zéro censure). Y compris les rêves d'adolescente auxquels vous avez renoncé, les voies que vous avez abandonnées par peur ou par contrainte. Toutes les pistes sont bonnes... Vous pouvez vous demander : si vous pouviez être payée à faire n'importe quoi (mais vraiment n'importe quoi !) ce serait quoi ? Si vous gagniez au Loto, à quoi occuperiez-vous vos journées ?
2. En face, notez la liste des croyances qui vous brident.
3. Indiquez de 1 à 10 à quel point vous pensez que cette croyance est vraie.
4. Puis essayez de trouver des exemples qui la contredisent.

ET MOI DANS TOUT ÇA ?

Quels sont mes jobs de rêve ?

....

....

Quelles sont les croyances limitantes qui reviennent le plus ?

....

....

Qu'est-ce que je pourrais mettre en place pour les dépasser ?

....

....

Après l'exercice, parmi mes métiers de rêve, certains me paraissent-ils finalement accessibles ?

....

....

RITUEL 057

JOURNAL DE BORD

J'ancre mes rêves pro dans la réalité

Rêver grand, c'est super, mais il est aussi essentiel de relier vos rêves professionnels à la réalité ! Avec ce rituel, vous allez explorer comment vos aspirations peuvent s'aligner avec vos besoins financiers ou s'inscrire dans une nouvelle organisation professionnelle ou extra-professionnelle. L'idée : faire en sorte que vos rêves fassent partie de votre ikigai, tout en restant réalistes et réalisables.

Parmi mes jobs de rêve, y en a-t-il un ou plusieurs qui pourraient matcher avec mes besoins économiques actuels, bref, qui pourraient déboucher sur un vrai job, qui recrute ?

....

....

Et sinon, parmi ces activités, quelles sont celles qui pourraient me rapporter au moins un peu d'argent ?

....

....

Vous n'êtes pas obligée de vivre de votre métier de rêve à plein temps. Vous pouvez cumuler une nouvelle activité avec votre job actuel, ce sera toujours un plus, du « beurre dans les épinards » comme on dit. Et, si plusieurs sont viables, elles peuvent constituer votre iki-job en mode multi-casquettes. Par exemple : créer et vendre vos bijoux sur Etsy, faire quelques piges pour des magazines, donner des cours de langue, faire du coaching...

Est-ce que je m'imagine cumuler les activités, en mode slasheuse ?

....

....

RITUEL 058

Je trouve ce pour quoi je peux être payée

L'heure est venue de compléter le cercle « ce pour quoi vous pouvez être payée » de votre ikigai. En réfléchissant à ce que vous pouvez offrir au monde, à ce pour quoi les autres seraient prêts à vous rémunérer, vous êtes peut-être sur le point de découvrir comment vivre de vos passions et de vos talents.

1 Je trouve mon équilibre

On ne se met pas la pression pour trouver un job qui a du sens à tout prix ! C'est la cerise sur le gâteau, pas le Graal absolu. Vous n'êtes pas obligée d'avoir un seul boulot qui est la quintessence de votre ikigai, vous pouvez avoir plusieurs activités rémunérées qui se complètent bien (slasheuse attitude !). Ou un boulot alimentaire qui sert juste à financer votre passion et qui vous permettra de vivre pleinement et sereinement votre ikigai : c'est ce que font de nombreux artistes qui ne veulent pas mettre sur leur art la pression de devoir payer le loyer, et ça marche ! À vous de définir l'équilibre qui vous convient.

2 Je trouve le fil rouge de mes réponses

Quel est le point commun entre toutes les sources de revenus évoquées dans vos réponses ? Avez-vous trouvé une ou plusieurs activités pour lesquelles vous pourriez être rémunérée ? Un domaine ? Si vous en avez plusieurs, classez-les par ordre d'importance.

MON ENQUÊTE IKIGAI

Ce pour quoi je pourrais être payée :

....

....

Reportez votre réponse sur le diagramme de l'ikigai (rituel 64) dans le cercle « ce pour quoi je peux être payée ».

TROUVER SES ASPIRATIONS
(CE DONT LE MONDE A BESOIN)

Avec la quatrième et dernière composante de la méthode ikigai, on trouve du sens et on se sent utile. Comment ? En connectant ce qu'on aimerait faire et qui on a envie d'être à quelque chose de plus grand, qui nous dépasse. Là, on touche au sens, au partage et au don de soi. Trouvez la cause qui vous anime, la pierre que vous seule sauriez apporter à l'édifice.

RITUEL 059

JOURNAL DE BORD

Je choisis mon combat

Pour apporter votre contribution au monde en restant alignée avec vous-même, comme le veut l'un des piliers de l'ikigai, commencez par déterminer ce qui vous révolte, ce qui vous touche profondément et vous donne envie d'agir. Ce que vous rêvez de changer ou de défendre. Vous n'êtes pas obligée de viser haut, chaque petite action, chaque cause, chaque geste compte !

Qu'est-ce qui me met en colère ?

....

....

Qu'est-ce qui me révolte ?

....

....

Quelle injustice ai-je envie de combattre ?

....

....

Quelle est la cause qui me tient le plus à cœur ?

....

....

Quelle est la « révolution » n° 1 qu'il me semblerait nécessaire de mener pour un monde plus juste ?

....

....

RITUEL 060

JOURNAL DE BORD

Je détermine le message que je veux faire passer

Transmettre un message au monde, c'est révéler ce qui vous tient à cœur. Qu'il s'agisse d'un mantra, d'une valeur essentielle, d'une devise, d'un slogan ou d'un proverbe qui vous inspire, c'est le moment d'explorer ce que vous aimeriez partager. Peut-être un appel à l'action, un message personnel ou une réflexion plus engagée. Trouver ce qui résonne en vous, c'est aussi affiner ce que vous pouvez apporter au monde, une brique essentielle de votre ikigai !

De quoi le monde manque-t-il, d'après moi ?

....

....

Sur quoi je souhaiterais faire réagir et interpeller les gens autour de moi ?

....

....

Si je pouvais louer tous les panneaux publicitaires d'une station de métro, quel message, mantra ou citation, j'y ferais inscrire ?

....

....

Par exemple, si vous pensez que le monde a besoin de plus de gens qui osent et croient en eux, vous pourriez choisir ce genre de message : « La peur n'évite pas le danger » ou : « Just do it », « Et vous, que feriez-vous si vous n'aviez pas peur ? » Si vous estimez que le monde a besoin de plus d'amour et de bienveillance : « Aimez-vous les uns les autres », « L'amour est la réponse et vous le savez sûrement » (John Lennon).

RITUEL 061

JOURNAL DE BORD

Je rends service

Chaque petit geste altruiste a un impact : céder sa place, donner un coup de main, ou simplement ramasser un papier tombé. Ces attentions n'aident pas seulement les autres, elles boostent aussi votre bonheur et inspirent une chaîne de solidarité. Identifiez les services que vous aimez rendre pour contribuer à rendre la vie plus douce autour de vous, et le monde plus juste.

Quels services ai-je déjà rendus avec succès à mon entourage ?

....

....

M'a-t-on déjà remerciée pour mon aide précieuse ?

....

....

De quoi mon entourage proche aurait besoin, que je suis en mesure de lui apporter ?

....

....

De quoi ai-je eu besoin par le passé, que j'ai été heureuse de trouver ?

....

....

Quels sont les astuces, les bons conseils, les révélations qui ont changé ma vie (en bien) et que j'aimerais à mon tour partager ?

....

....

RITUEL 062

Je trouve ce dont le monde a besoin

Ce rituel va vous permettre de remplir le cercle « ce dont le monde a besoin » ! Ce pilier essentiel de l'ikigai vous aide à donner du sens à vos actions et à trouver comment contribuer à quelque chose de plus grand. En reliant vos envies et vos valeurs à l'utilité pour les autres, vous découvrez le vrai pouvoir du partage et du don de soi.

1 Je détermine ma cause à défendre

Les besoins du monde ? L'expression peut vous laisser perplexe. Le « monde », c'est vaste (par définition !) et par « monde », on peut tout entendre ici : la planète, la nature, la société, les gens en général, ou tout simplement votre entourage proche. La question principale de ce cercle hyper puissant est : « Que puis-je apporter ? » Trouvez la cause qui vous anime, la pierre que vous seule pourriez apporter à l'édifice.

2 Je contribue à mon niveau

Interrogez-vous sur la façon dont vous pouvez mettre vos talents, vos passions et même votre job au service des autres... Là aussi, vous n'êtes pas obligée d'avoir une mission de folie super identifiée. On ne va pas vous demander de sauver le monde : votre contribution peut être simple mais nécessaire.

3 Je trouve le fil rouge de mes réponses

Quel point commun, mot-clé ou évidence ressort des causes que vous avez envie de défendre, des messages que vous voulez transmettre et des services que vous appréciez rendre ? Le monde peut avoir besoin de plusieurs choses, vous pouvez donc donner plusieurs réponses. Mais, dans ce cas, classez-les par ordre d'importance.

MON ENQUÊTE IKIGAI

Ce dont le monde a besoin :

....

....

Reportez votre réponse sur le diagramme de l'ikigai (rituel 64) dans le cercle « ce dont le monde a besoin ».

CERNER SON IKIGAI

Vous avez déjà complété vos quatre cercles : bravo, l'essentiel est fait ! Maintenant, il s'agit de relier vos réponses, de dénicher les intersections et de découvrir votre passion, votre vocation, votre profession et votre mission. Ça tombe bien, c'est l'objet des prochains rituels. En affinant votre diagramme, tout pourrait enfin s'aligner. Et si c'est le cas, jackpot : votre ikigai sera là, prêt à illuminer votre chemin !

RITUEL 063

J'entame mon diagramme de l'ikigai

La méthode de l'ikigai se synthétise sous la forme d'un diagramme. Familiarisez-vous avec sa forme et la façon progressive de le compléter. Mieux vous comprendrez son fonctionnement, plus vos réponses seront justes et pertinentes et le résultat à la hauteur de vos attentes. C'est parti pour le jeu de piste !

1 Je remplis les 4 grands cercles

Chacun des 4 grands cercles représente un des 4 piliers de l'ikigai : ce que vous aimez (voir le chapitre p. 58), ce pour quoi vous êtes douée (voir le chapitre p. 66), cce pour quoi vous pouvez être payée (voir le chapitre p. 71) et ce dont le monde a besoin (voir le chapitre p. 76). À l'intérieur, pas de règle particulière, c'est vous qui choisissez : un seul mot, une tartine, une liste, une idée vague, un point très précis... Notez tout ce qui vous passe par la tête, comme ça vous vient, surtout dans les grands cercles : lâchez-vous !

Si vous avez plusieurs idées qui n'ont *a priori* rien à voir entre elles, ne vous censurez pas. Vous ferez le lien ensuite.

2 Je me concentre sur les intersections

Une fois les 4 grands cercles complétés, il s'agit de trouver les combinaisons « ikigagnantes ». Cette étape intermédiaire, plus difficile, consiste à lier les cercles entre eux, deux par deux, à noter leurs points communs pour découvrir votre passion, votre mission, votre profession et votre vocation.

Ici, soyez plus précise : ça tombe bien, vous aurez moins de place pour écrire, ce qui vous poussera à aller à l'essentiel. Pour certaines, ce sera une évidence ; pour d'autres, il va falloir se creuser la tête, et c'est normal ! Ça ne vous empêchera pas de trouver votre ikigai !

3 Je repère le fil rouge

L'essentiel est de bien réfléchir sur les 4 premiers cercles et de repérer le fil rouge entre ces 4 piliers, car là est votre ikigai : le reste, c'est du bonus (hyper enrichissant certes, mais bonus quand même !).

RITUEL 064

JOURNAL DE BORD

Je remplis mon diagramme de l'ikigai

Le voilà : le diagramme qui synthétise la méthode pour découvrir votre ikigai et sur lequel vous pouvez reporter vos réponses trouvées dans les rituels précédents. Avec les rituels suivants, vous allez remplir les intersections. À vous de jouer !

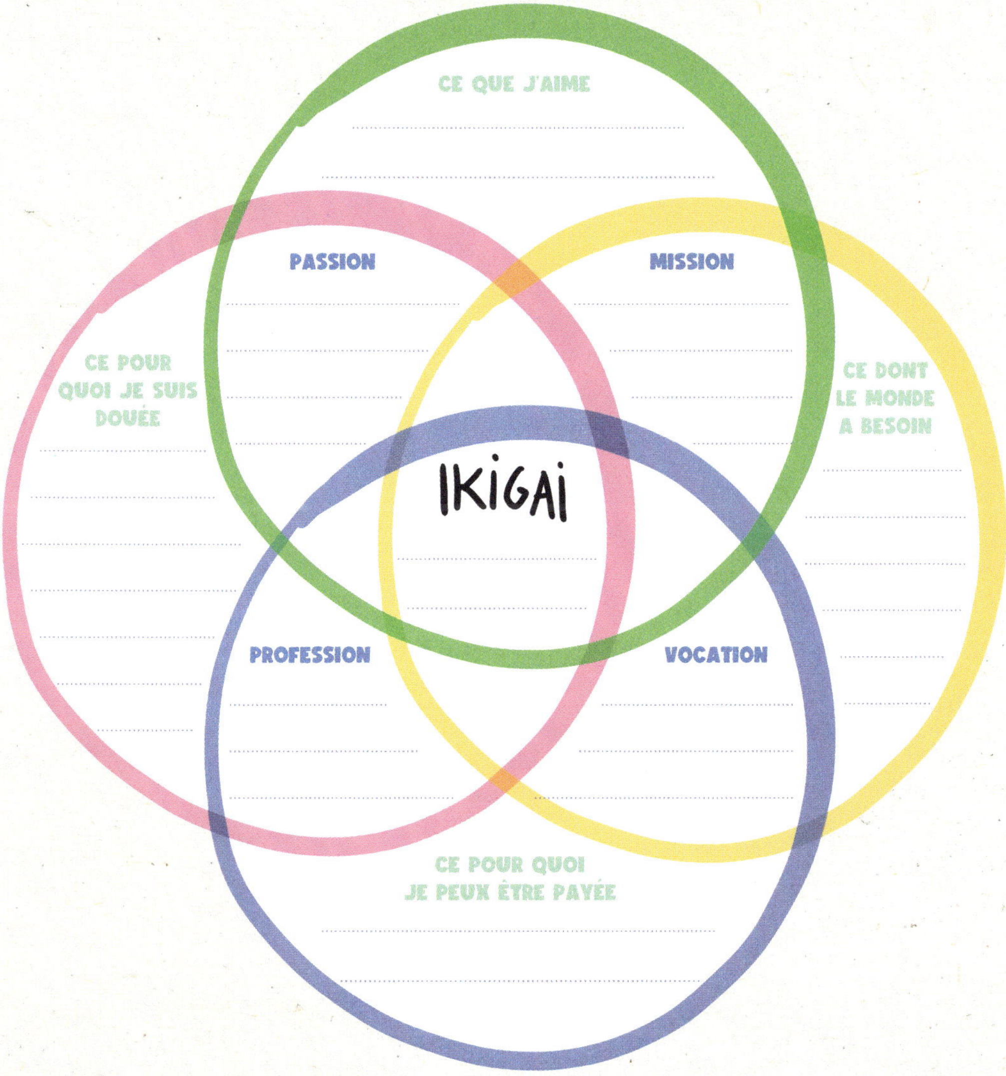

RITUEL 065

J'affine mes réponses

Votre ikigai se cache au croisement de vos quatre cercles, mais il n'est pas toujours évident à dénicher. Ce rituel est là pour vous aider à clarifier et approfondir vos réponses jusqu'à faire apparaître ce fameux point de convergence. Allez, on ajuste, on peaufine, et on avance vers l'évidence !

1 J'organise mes réponses

Si vous avez noté trop de réponses dans vos cercles, il se peut que vous vous soyez éparpillée et donc un peu perdue en route. Faites d'abord le tri dans vos réponses. Comment ? En les classant par ordre d'importance et en regroupant celles qui peuvent être liées ensemble.

2 Je développe ou j'extrapole

Il se peut aussi que vous n'ayez pas été assez précise dans vos réponses (dans ce cas, développez) ou alors trop précise (dans ce cas, extrapolez). Imaginons que vous ayez répondu « la paix » pour les besoins du monde. Ok. C'est vrai et c'est louable, mais 1/ c'est vague et 2/ pas sûr que vous ayez les talents nécessaires pour instaurer la paix dans le monde, là comme ça. Quoique... Posez-vous les bonnes questions : « Qu'est-ce qui pourrait apporter plus de paix dans le monde ? » « Plus de bienveillance. » « Comment je peux insuffler plus de bienveillance autour de moi ? » « En aidant les autres. » « Comment ? » « En leur donnant de bons conseils. » « Dans quels domaines ? » Etc. Alors, OK, vous allez peut-être simplement être encore plus sympa avec vos collègues et sourire à des inconnus en leur tenant le tourniquet du métro, ce sera déjà pas mal et utile, mais ça peut aussi vous mener plus loin : coach de vie, psy, conférencière, diplomate ? Bref, vous voyez l'idée ! N'hésitez pas à tout décortiquer et à vous creuser la tête : de la discussion (avec vous-même ou avec les autres) vient la solution.

RITUEL 066

J'identifie ma passion

Votre passion se niche à l'intersection de deux éléments : « ce que vous aimez » et « ce pour quoi vous êtes douée ». Voyons maintenant comment l'identifier !

1 Parmi les centres d'intérêt que vous avez listés dans le cercle « ce que j'aime », repérez ceux qui semblent résonner avec vos compétences naturelles, notées dans le cercle « ce pour quoi je suis douée ». Le vrai défi ? Trouver celui qui vous fait briller tout en exploitant vos atouts. C'est souvent là que se cache votre passion !

2 Votre passion ne sera pas forcément une révélation de folie, ça peut être une simple évidence. D'ailleurs, votre talent et votre hobby peuvent être exactement les mêmes. Si vous aimez écrire et que vous êtes douée pour écrire, ne cherchez pas trop loin : votre passion c'est l'écriture. Cela dit, prenez le temps de vérifier si un nouveau fil conducteur n'émerge pas en chemin, pour ne pas passer à côté de votre véritable passion.

MON ENQUÊTE IKIGAI

Ma passion :

....

....

Reportez votre réponse sur le diagramme de l'ikigai (rituel 64) dans la case située à l'intersection des cercles « ce que j'aime » et « ce pour quoi je suis douée ».

RITUEL 067

Je trouve ma profession

Votre profession se cache là où vos talents rencontrent ce pour quoi vous pouvez être payée. Prête à explorer vos sources de revenus potentielles ? Avec ce jeu de piste, identifiez comment vos compétences peuvent se transformer en opportunités concrètes. À vous de jouer pour trouver votre voie professionnelle idéale !

1. C'est tout bête, mais une profession, ce n'est rien d'autre qu'être payée pour mettre en œuvre ses compétences ! Pas très sexy dit comme ça, mais bien plus gratifiant que d'être payée pour un job qui ne vous stimule pas ou, pire, de ne pas réussir à valoriser vos talents. Prenez un moment pour identifier les compétences que vous envisagez déjà aisément de monétiser.

2. Évaluez votre situation actuelle. Si vous êtes déjà en poste, réfléchissez : mettez-vous en œuvre vos talents dans votre métier actuel ? Si oui, génial, explorez comment continuer à grandir dedans. Si non, ou si vous êtes en reconversion ou encore étudiante, pensez à votre métier idéal. Quelle activité professionnelle vous motiverait et mettrait en lumière vos points forts ?

3. Votre réponse peut être redondante avec le cercle « ce pour quoi je peux être payée » dans lequel vous avez déjà pu identifier un job potentiel. Vérifiez ici que ce job idéal ou actuel colle bien avec vos talents. Si ce n'est pas le cas, interrogez-vous sur votre capacité à développer les compétences qu'il vous manque.

MON ENQUÊTE IKIGAI

Ma profession :

....

....

Reportez votre réponse sur le diagramme de l'ikigai (rituel 64) dans la case située à l'intersection des cercles « ce pour quoi je suis douée » et « ce pour quoi je peux être payée ».

RITUEL 068 Je découvre ma vocation

Une vocation, c'est bien plus qu'un simple métier : c'est trouver un sens profond à ce que l'on fait. Quand vos revenus rencontrent un vrai besoin du monde, vous ne travaillez plus seulement pour vous, mais pour contribuer et avoir un impact positif. Il va s'agir ici de connecter les cercles « ce pour quoi je peux être payée » et « ce dont le monde a besoin ».

1. Ne confondez pas vocation et profession ! C'est le sens qui fait toute la différence ! Avec la vocation, vous n'êtes plus centrée uniquement sur votre job et votre satisfaction personnelle, vous sentez que votre source de revenus est plus que ça : elle vous met au service des autres et vous apporte le sentiment d'être utile et à votre place.

2. Regardez du côté de votre métier actuel ou de votre poste de rêve : l'un d'eux pourrait-il répondre aux causes qui vous touchent ? Y a-t-il des ponts entre vos compétences professionnelles et les besoins du monde qui résonnent en vous ?

MON ENQUÊTE IKIGAI

Ma vocation :

....

....

Reportez votre réponse sur le diagramme de l'ikigai (rituel 64) dans la case située à l'intersection des cercles « ce dont le monde a besoin » et « ce pour quoi je peux être payée ».

RITUEL 069

Je détermine ma mission

Votre mission, c'est ce qui relie ce que vous aimez profondément aux besoins du monde. Elle donne du sens à votre vie, en vous permettant de contribuer au fonctionnement global tout en restant connectée à ce qui vous passionne. Il est temps de remplir cette intersection essentielle du diagramme de l'ikigai : « ce que j'aime » et « ce dont le monde a besoin » !

1. Votre mission doit vous permettre de connecter ce qui booste votre joie de vivre avec ce qui fait sens pour vous : c'est-à-dire avec quelque chose de plus grand, de plus important que vous-même. Identifiez, parmi les activités que vous avez listées dans votre cercle « ce que j'aime », celles qui pourraient avoir un impact positif sur le monde.

2. Très proche de la vocation, la mission apporte aussi le sentiment d'être utile et à sa place mais avec une bonne dose d'épanouissement en plus. Là, il s'agit moins de donner un sens à votre job que de donner du sens à votre vie. Parmi les causes qui vous tiennent à cœur, y en a-t-il pour lesquelles votre contribution pourrait faire la différence ? Explorez du côté de celles qui résonnent avec vos passions.

MON ENQUÊTE IKIGAI

Ma mission :

....

....

Reportez votre réponse sur le diagramme de l'ikigai (rituel 64) dans la case située à l'intersection des cercles « ce dont le monde a besoin » et « ce que j'aime ».

RITUEL 070

TEST

Je dégomme mes frustrations

Vous touchez presque à la révélation de votre ikigai, mais il manque encore un cercle pour que tout s'harmonise. Souvent, c'est ce dernier élément qui empêche de vivre pleinement son ikigai. Avec ce test, identifiez ce qui vous fait défaut et comblez les éventuels manques ou frustrations qui vous freinent !

Quel est le cercle que vous avez eu du mal (ou carrément pas réussi) à connecter aux trois autres ?

- ☐ « Ce que j'aime »
- ☐ « Ce pour quoi je suis douée »
- ☐ « Ce pour quoi je peux être payée »
- ☐ « Ce dont le monde a besoin »

Configuration n° 1 : il me manque « Ce dont le monde a besoin »

Top ! Vous avez la grande chance de faire ce que vous aimez : cela vous apporte un sentiment de bien-être, voire de joie. Vous faites aussi ce pour quoi vous êtes douée : cela vous procure un sentiment de satisfaction, voire de fierté. Et, en plus, vous êtes payée pour faire tout ça, d'où un sentiment de sécurité et une certaine sérénité. Que demander de plus ? C'est la combinaison parfaite, non ? Presque ! Ok, elle est franchement pas mal, cette combinaison : vous êtes plutôt bien lotie, car la joie et la fierté sont des sentiments puissants et la sécurité, un de nos besoins fondamentaux qu'il est essentiel d'assouvir. Oui mais... il vous manque encore ce qui fait le sel de l'ikigai : le sens. Vous n'avez pas encore relié votre plaisir et votre satisfaction personnels aux besoins du monde. Vous devez vous sentir vraiment utile pour vivre pleinement votre ikigai.

Que signifie cette combinaison ?

Satisfaction + sécurité ☺ mais sentiment d'être un peu inutile ☹ = manque de sens.

Pour dégoter le cercle manquant :

- **Je teste le bénévolat :** et si vous testiez le bénévolat, en plus de votre activité rémunérée ? Si vous ne voyez pas bien comment trouver du sens à ce que vous faites actuellement dans la vie, trouvez une association qui défend une cause qui vous tient à cœur (puisez dans les réponses que vous avez notées dans le cercle « ce dont le monde a besoin »).

- **Je transmets mes talents et ma passion autrement :** vous pouvez aussi partager vos talents et votre passion avec le monde en écrivant un livre ou en créant un blog, un podcast pour partager ce qui vous fait vibrer et inspirer les autres dans leur recherche d'ikigai. Attention, ça ne marchera que si vous êtes vraiment connectée aux attentes des autres et pour cela il vous faut développer encore plus votre empathie. Vous pouvez aussi former ou enseigner à vos heures perdues dans votre domaine d'expertise, qui par chance est aussi votre passion.

Configuration n° 2 : il me manque « Ce pour quoi je peux être payée »

Bravo ! Vous avez réussi le tour de force de connecter votre passion aux besoins du monde. Vous vous sentez utile, ce que vous faites dans la vie vous apporte une grande joie... mais argh ! ça ne vous rapporte pas un sou (ou très peu) et vous êtes un peu frustrée de ne pas pouvoir en vivre (on vous comprend !). Ça arrive quand on est en stage, quand on débute une activité en free-lance, quand on exerce une activité créative ou qu'on crée sa boîte. Bref, ça arrive souvent ! Une pointe d'inquiétude, liée à un manque de sécurité, peut venir gâcher votre passion à long terme et vous éloigner de votre ikigai.

Que signifie cette combinaison ?

Joie + plénitude ☺ mais fauchée ☹ = manque de sécurité.

Pour dégoter le cercle manquant :

- **J'apprends à vivre mieux avec moins**

Au lieu de chercher à gagner plus, apprenez à dépenser moins. C'est une piste, à vous de voir si elle vous convient. Bien sûr, ça ne fonctionne que si vous vivez avec un budget serré, mais qui vous permet quand même de vivre correctement. On ne peut pas vivre de passion et d'eau fraîche.

- **J'adapte mon mode de vie**

Parmi les pistes à suivre : minimalisme, zéro déchet, sobriété heureuse...

Configuration n° 3 : il me manque « Ce pour quoi je suis douée »

Cool, vous avez découvert exactement ce pour quoi vous êtes faite ! Oui, mais voilà, vous n'avez pas (encore) les compétences pour vous sentir pleinement épanouie dans votre quotidien. Vous êtes étudiante, ou en reconversion ? Si c'est le cas, c'est normal, vous êtes en train de travailler sur ce cercle actuellement.

Que signifie cette combinaison ?

Joie + autosatisfaction ☺ mais incertitude ☹ = sentiment de ne pas être à sa place + possible syndrome de l'imposteur.

Pour dégoter le cercle manquant :

- **J'interroge mon syndrome de l'imposteur :** vous exercez déjà une activité connectée à votre passion et votre vocation ? Il y a peu de chance que celle-ci ne matche pas avec vos talents. Pourquoi vous aurait-on embauchée ou promue, sinon ? Interrogez-vous sur un possible syndrome de l'imposteur : êtes-vous vraiment sûre de ne pas être douée dans ce que vous faites ? On se permet d'en douter !
- **Je développe mes compétences :** vous pouvez aussi pallier cette situation en développant vos compétences ! Pas besoin de reprendre vos études, il vous suffit de suivre un ou plusieurs mooc en rapport avec votre profession et votre passion. Lisez, regardez des vidéo TED, écoutez des podcasts sur le sujet, mettez-vous aux docs audio, suivez des experts dans votre domaine... Il y a mille et une façons fun d'apprendre en un temps record. Avec un minimum d'efforts, vous pouvez acquérir des compétences dans un domaine qui vous passionne et dont vous voyez l'utilité.

Configuration n° 4 : il me manque « Ce que j'aime »

Super, vous avez réussi à être payée pour connecter vos talents aux besoins du monde ! Vous êtes utile à la société et vous pouvez être fière de vous ! Oui, mais voilà, vous avez oublié de vous éclater en route et ça, c'est hyper dommage. Pourquoi ? Parce que, sans vibrer, vous allez avoir du mal à tenir sur le long terme. Vous reconnecter à votre passion et à votre joie de vivre est essentiel pour mener une vie épanouie.

Que signifie cette combinaison ?

Confort + sens ☺ mais sentiment de vide ☹ = manque de joie

Pour dégoter le cercle manquant :

- **Je fais de la place pour la joie :** pour retrouver l'équilibre et insuffler plus de joie dans votre quotidien, pensez à ménager du temps dans votre agenda pour faire ce que vous aimez, sans vous mettre la pression, sans autre but que de vous faire plaisir. Vous avez peur de vous ennuyer ? Tentez de nouvelles expériences ou activités. N'oubliez jamais que prendre du temps pour vous et vous faire plaisir n'est pas égoïste, c'est vital.

RITUEL
071

JOURNAL DE BORD

J'assure mon équilibre

Que vos quatre cercles s'imbriquent parfaitement ou non, le plus important est de mettre en œuvre chacun de ces cercles dans votre vie. Pourquoi ne pourraient-ils pas cohabiter sans s'entremêler ! Tant que votre équilibre de vie est préservé, vous pouvez tout à fait décider que votre ikigai, c'est de veiller à toujours faire de la place dans votre quotidien pour exprimer chacun de ces cercles de façon équilibrée !

Comment puis-je m'assurer que chaque cercle de mon ikigai trouve une place dans mon quotidien, même s'ils ne s'entremêlent pas parfaitement ?

....

....

Quels ajustements simples pourrais-je mettre en place pour donner plus de place aux cercles qui sont aujourd'hui en retrait ?

....

....

À quoi ressemblerait une journée ou une semaine où chacun des cercles serait honoré ?

....

....

Comment puis-je mesurer mon équilibre de vie régulièrement pour m'assurer que chaque cercle reste vivant et actif ?

....

....

RITUEL 072

Je formule mon ikigai

Ça y est, vous avez entièrement complété votre diagramme, connecté tous ses aspects, votre ikigai vous tend les bras. Il ne vous reste plus qu'à mettre des mots dessus. C'est l'instant où vous le rendez réel et puissant, prêt à guider votre vie !

1 J'ose m'affirmer

Tout d'abord, il faut oser le formuler. Il est important de faire taire votre troll intérieur qui va profiter de ce moment pour se réveiller et vous faire douter (« Tu ne trouves pas que ça sonne un peu faux ? », « Tu te la pètes pas un peu, là, avec ta mission ? »). Ne vous posez pas trop de questions et osez affirmer haut et fort que oui, vous pouvez apporter quelque chose au monde et oui, vous aussi, vous avez une place à prendre.

2 Je reste souple

Rassurez-vous, vous avez beau l'écrire noir sur blanc dans ce cahier, votre ikigai n'est pas gravé dans le marbre : il pourra évoluer avec vous tout au long de votre vie et vous aurez le droit de le peaufiner (voire de le changer) au fil du temps.

3 Je le personnalise

Pour la formulation, à vous de voir ce qui vous convient le mieux. Votre ikigai peut prendre la forme d'une activité, d'une identité, d'une ou plusieurs valeurs essentielles, d'un rôle que vous aimeriez remplir... Il peut avoir des facettes différentes pour chacune.

4 Je le résume en quelques lignes

Formulez votre ikigai en quelques lignes. Vous pouvez compléter la formule qui vous convient : « Mon ikigai, c'est... » ou « Je suis faite pour... » ou « Ma mission de vie est de... », voire « Ma raison d'être, c'est... » ou ne faites rien de tout ça : une phrase courte, une tartine, un mot-clé ? Faites comme vous le sentez, c'est VOTRE ikigai !

MON ENQUÊTE IKIGAI

Mon ikigai :

....

....

Reportez votre réponse au cœur du diagramme de l'ikigai (rituel 64).

RITUEL 073

JOURNAL DE BORD

Je partage mes impressions

Vous avez identifié votre ikigai, c'est une étape importante ! Maintenant, il est temps de prendre de la hauteur et d'explorer l'impact que cette découverte a eu sur vous. Prenez un moment pour réfléchir à vos impressions, à ce que cette quête a provoqué en vous, et à la manière dont vous vous sentez prête à intégrer tout ça dans votre vie. Place au bilan !

La recherche de mon ikigai m'a-t-elle aidée à mieux me connaître ? Si oui, de quelle manière ?

....

Quelle a été ma première réaction en découvrant mon ikigai ? Surprise, soulagement, excitation ?

....

Ai-je vécu une révélation, ou est-ce plutôt une évidence qui m'échappait jusqu'ici ? Est-ce un nouveau départ pour moi ?

....

En quoi cette découverte redéfinit-elle mes priorités dans la vie ?

....

Comment cette nouvelle donnée renforce-t-elle ma confiance en moi et en l'avenir ?

....

Est-ce que je me sens prête à passer à l'action et à faire de mon ikigai une réalité, ou ai-je encore besoin d'un peu de temps ?

....

Qui, dans mon entourage, pourrait m'accompagner ou me soutenir dans cette nouvelle direction ?

....

ÉTABLIR UN PLAN D'ACTION IKIGAI

La méthode ikigai est un phare qui nous éclaire et nous rappelle de vivre nos passions, de nous connecter à nos sources de joie, de ne pas perdre de vue qui on est et ce qui est bon pour nous. Une fois votre ikigai déterminé, l'introspection est terminée, maintenant, place à l'action ! Les prochains rituels vont vous aider à ancrer votre ikigai dans vos décisions et projets de vie : tout un programme !
Prête ? Iki… go !

RITUEL 074

JOURNAL DE BORD

J'évalue ma marge de progression

Maintenant que vous connaissez votre ikigai, faites un petit bilan pour savoir quelle place vous lui donnez actuellement dans votre vie : en faites-vous déjà une priorité au quotidien ou tout est-il à revoir ? Vous allez prendre conscience de ce que vous devez changer, améliorer, cultiver ou explorer pour être en accord avec votre ikigai dans votre vie de tous les jours.

Sur une échelle de 1 à 10, j'indique à quel point je vis déjà en accord avec mon ikigai dans ma vie personnelle :

1	2	3	4	5	6	7	8	9	10

Sur une échelle de 1 à 10, j'indique à quel point je vis déjà en accord avec mon ikigai dans ma vie professionnelle :

1	2	3	4	5	6	7	8	9	10

Légende

10 : je suis au top du top, mon ikigai est une priorité et ma profession, ma mission, ma vocation s'imbriquent parfaitement.

5 : je suis à mi-chemin, mais il y a encore quelques ajustements à faire pour vivre mon ikigai à son plein potentiel.

1 : tout est à revoir, je me retrousse les manches et j'identifie les changements à opérer pour vivre la vie qui me va.

RITUEL 075

Je coupe le pilote automatique

Dans un monde de possibilités quasi infinies, où l'on est sursollicitée en permanence, il est facile de s'éparpiller et de mettre toute notre énergie dans des tâches qui ne font pas sens, ne nous apportent aucune joie de vivre, bref, nous éloignent de notre ikigai. Apprenez à faire le tri et à vous concentrer sur l'essentiel pour faire de la place à votre ikigai !

1 Je débranche

Notre ikigai est parfois étouffé par trop d'actions sans cohérence, trop de boulot, de sollicitations... Sans compter tous ces stimuli extérieurs, infos push, notifications, rappels... qui peuvent nous couper de nous-même et de notre ikigai. On ne s'écoute plus vraiment, et c'est dommage.

2 Je me reconnecte à moi-même

Essayez régulièrement de vous retrouver dans un endroit calme et de vous déconnecter un peu du monde extérieur (méditation, promenade sans but, bain chaud...). Il ne s'agit pas de tout couper, mais de vous offrir une petite oasis de calme de temps en temps dans votre quotidien survolté. Le but ? Faire un pas de côté pour éviter de vous retrouver prisonnière de vos obligations et des désirs des autres. Le stress au quotidien nous embourbe dans une routine qui contribue à nous faire perdre de vue notre ikigai.

ET MOI DANS TOUT ÇA ?

Est-ce que j'arrive à m'octroyer autant de moments off que je voudrais ?

....

Si non, qu'est-ce qui m'en empêche ?

....

Qu'est-ce que je pourrais mettre en place pour changer les choses ?

....

RITUEL
076

Je revois mes priorités

On a souvent tendance à se disperser, à vouloir tout faire en même temps, jusqu'à ne plus savoir où donner de la tête. Et si on faisait autrement ? En se concentrant sur ce qui compte vraiment : ce qui nous passionne, nous fait vibrer et répond aux besoins du monde. Bref, ce qui est aligné avec notre ikigai.

1 Je m'inspire de la règle des 80-20

Appelée aussi « loi de Pareto », la règle des 80-20 est un principe théorisé par l'économiste italien Vilfredo Pareto selon lequel 20 % des causes produisent 80 % des effets. En clair ? Seulement 20 % de nos actions et de nos efforts sont essentiels car ils génèrent à eux seuls 80 % des résultats que l'on souhaite obtenir. L'idée est donc de réduire le champ des contraintes et de mettre de côté les 80 % accessoires pour focaliser notre énergie sur ce qui compte vraiment : ce qui alimente notre enthousiasme, nous procure du bonheur et contribue positivement au monde qui nous entoure, en parfaite harmonie avec notre raison d'être.

2 Je priorise les activités qui me font du bien

Identifiez les 20 % d'activités qui génèrent 80 % de votre satisfaction et de votre épanouissement (bref, qui vous connectent à votre ikigai). Réorganisez votre emploi du temps ou changez carrément votre style de vie de manière à mettre ces activités au cœur de votre quotidien. Pensez aussi à réduire la part des activités qui ne vous apportent rien ou qui sont sources d'angoisse.

3 Je m'entoure des bonnes personnes

On peut aussi appliquer cette règle à notre entourage : beaucoup moins simple, mais tout aussi nécessaire. Repérez les 20 % de personnes dans votre entourage qui contribuent à votre bien-être et à votre bonheur. Voyez ces personnes beaucoup plus souvent et espacez, voire zappez les interactions avec les autres, celles qui ne vous apportent rien ou sont carrément sources d'angoisse et vous coupent de votre ikigai.

RITUEL 077

Je définis des objectifs de vie

L'ikigai, ce n'est pas qu'un idéal lointain : c'est une promesse que l'on peut rendre tangible. Pour cela, il suffit de traduire votre mission de vie en objectifs clairs et réalisables. En alignant vos ambitions sur des actions concrètes, il devient plus simple de franchir le pas et de progresser vers une vie épanouie. La méthode SMARTEP que vous allez découvrir permet de vous assurer que vos objectifs répondent aux bons critères et que vous allez dans la bonne direction.

1 Je checke que mon objectif est Spécifique

Votre objectif doit être clairement défini et précis. Vous permet-il de répondre aux questions suivantes : Qu'est-ce que je veux accomplir ? Pourquoi est-ce important ? Qui est impliqué ? Où cela se passe-t-il ?

2 Je checke que mon objectif est Mesurable

Votre objectif doit inclure des critères concrets pour mesurer les progrès ou le succès. Posez-vous des questions comme : Comment saurai-je que j'ai atteint mon objectif ? Quels indicateurs utiliser ?

3 Je checke que mon objectif est Atteignable

Votre objectif doit être réaliste tout en restant stimulant. Demandez-vous si vous disposez des ressources nécessaires, si cet objectif est réalisable compte tenu des contraintes.

4 Je checke que mon objectif est Réaliste

Votre objectif doit être pertinent et aligné avec vos priorités ou vos valeurs. Cela signifie également qu'il ne doit pas être impossible à atteindre. Assurez-vous qu'il corresponde au contexte actuel et à vos moyens.

5 Je checke que mon objectif est Temporellement défini

Votre objectif doit inclure une échéance ou une limite de temps claire. Définissez un calendrier, avec une fin.

6 Je checke que mon objectif est Ethique

Votre objectif doit respecter les principes éthiques, les valeurs morales ou les normes légales. Vérifiez qu'il soit juste et en accord vos valeurs.

7 Je checke que mon objectif est Positif

Votre objectif doit être formulé de manière encourageante et constructive. Est-ce qu'il vous paraît motivant ? Sa formulation vous inspire-t-elle le passage à l'action ?

RITUEL 078

JOURNAL DE BORD

Je calcule le coût de l'inaction

Quand on décide de se réinventer, de se responsabiliser et de vivre en harmonie avec son ikigai, bien souvent, d'anciennes peurs ressortent, nous plongeant dans l'inertie. En calculant le « coût de l'inaction », dépassez vos appréhensions et trouvez l'élan nécessaire pour passer à l'action !

	Ma vie dans 3 mois	Ma vie dans 6 mois	Ma vie dans 1 an
Ce qu'il m'en coûte émotionnellement de ne pas agir			
Ce qu'il m'en coûte physiquement de ne pas agir			
Ce qu'il m'en coûte financièrement de ne pas agir			

Tim Ferriss, écrivain et entrepreneur américain, a remarqué qu'on n'a aucun mal à s'imaginer le scénario du pire quand on doit passer à l'action, surtout quand ça implique un changement important dans notre vie. La solution ? On se demande ce qu'on risque à ne pas bouger du tout, c'est ce que Tim Ferriss appelle « le coût de l'inaction ». Cet exercice est très puissant car on se rend compte que le coût de l'inaction est souvent bien plus élevé que les risques de passer à l'action.

RITUEL
079

JOURNAL DE BORD

J'applique la méthode kaizen

Agir quand on part de zéro peut nous sembler vertigineux. Ce serait dommage de rester bloquée dans l'immobilisme face à l'ampleur de la tâche, alors que votre bonheur est là, à portée de main. La méthode kaizen, aussi connue sous le nom de « méthode des petits pas », permet d'aborder le changement en douceur, en y allant progressivement, par petites étapes, ce qui évite de se décourager face à l'ampleur de la tâche. Suivez le guide !

Quel est mon objectif de vie principal ?

....

....

Quels sont les petits pas à accomplir pour y arriver ?

1. ....
2. ....
3. ....
4. ....
5. ....

Imaginons qu'en accord avec votre ikigai, vous avez décidé de vous reconvertir et de changer complètement de boulot : l'ampleur de la tâche peut vous paraître démesurée, sauf si vous la décortiquez en plusieurs petites actions tout à fait atteignables au jour le jour dans votre to-do list. Vous pourriez, en suivant la méthode kaizen, procéder par étapes :

1. Je me renseigne sur les différentes formations possibles.
2. Je recherche les financements potentiels de cette formation.
3. Je demande à rencontrer une personne qui exerce le métier que je convoite...

RITUEL 080

Je booste ma motivation

Dans nos vies à cent à l'heure, il est facile de s'oublier et se laisser dépasser. Vous avez découvert votre ikigai et élaboré un plan d'action aux petits oignons, ce serait dommage d'avoir fait tout ce travail pour rien, non ? Ce rituel va vous aider à entretenir votre motivation pour continuer à avancer chaque jour vers vos objectifs !

1 Je ne perds pas de vue ma mission de vie

Prenez un moment chaque matin pour vous reconnecter à votre ikigai. Affichez votre diagramme à un endroit stratégique ou notez la formulation que vous avez choisie sur un post-it ou dans votre agenda. Cela vous aidera à garder à l'esprit l'importance de vos actions et à ne pas perdre de vue vos priorités.

2 Je trouve des soutiens

Entourez-vous de personnes qui croient en votre ikigai et en vos objectifs. Cherchez un mentor, un coach, ou un groupe de soutien pour échanger régulièrement. Le fait de partager vos projets et vos avancées vers votre vie idéale vous donnera un regain de motivation et une énergie positive pour continuer sur votre lancée.

3 Je célèbre chaque étape

À chaque petit pas franchi, même s'il semble insignifiant, prenez le temps de vous féliciter. Que ce soit un simple moment de gratitude ou un petit cadeau à vous-même, cela vous encouragera à continuer. Vous êtes sur la bonne voie, et chaque pas compte !

ET MOI DANS TOUT ÇA ?

Qui, dans mon entourage ou réseau, pourrait m'aider à rester motivée ?

....

De quelle manière pourrais-je célébrer mes petites victoires ?

....

RITUEL 081

Je réalise mon vision board

Le vision board est un outil puissant pour clarifier vos ambitions et vous motiver à passer à l'action. En créant un collage qui reflète vos rêves et vos objectifs, vous disposerez d'une source d'inspiration visuelle, capable de vous accompagner chaque jour dans votre démarche pour vivre pleinement votre ikigai.

1 Je prépare mon matériel

Rassemblez une grande feuille ou un panneau, des magazines, des cartes postales, des photos, des feutres, de la colle, et tout ce qui vous inspire (stickers, citations…). Assurez-vous d'avoir un espace calme pour laisser libre cours à votre imagination.

2 Je compose mon tableau

Prenez quelques minutes pour réfléchir à ce qui représente le plus votre ikigai et vos objectifs. Repérez tout ce qui fait écho à votre mission de vie, puis lancez-vous : découpez, collez, écrivez ! Ajoutez des images, des mots-clés, et des éléments qui symbolisent vos envies et vos rêves liés à votre ikigai. Organisez-les de façon harmonieuse pour que le tout soit clair et inspirant.

3 Je lui trouve une place de choix

Placez votre vision board dans un endroit où vous le verrez régulièrement : bureau, chambre, ou fond d'écran digital. Prenez quelques instants chaque jour pour le contempler et garder le cap sur vos actions.

RITUEL 082

J'écris une lettre à ma future moi

Même lorsque l'on a identifié son ikigai, il n'est pas toujours simple d'imaginer concrètement son avenir et la façon dont notre mission de vie va s'exprimer sur la durée. En écrivant une lettre à votre future vous, vous vous projetez dans l'avenir et vous vous connectez mieux à votre ikigai. À vos stylos !

1 Je prépare ma lettre

Prenez une feuille ou ouvrez un document numérique. Imaginez-vous dans un an et commencez par une salutation chaleureuse : « Chère moi du futur, j'espère que tu vas bien… » Posez le ton, léger ou introspectif, selon votre envie.

2 Je partage mes rêves et intentions

Notez tout ce que vous souhaitez faire, oser, vivre, tout ce que vous aimeriez avoir accompli, ressenti, expérimenté dans l'année à venir. Parlez de vos projets, vos envies et des pas que vous voulez franchir pour nourrir votre joie et votre ikigai. Vous pourriez par exemple vous écrire : « Chère moi du futur, j'espère que tu vas bien et que tu as osé quitter ton boulot, que tu as pu prendre le temps cette année de voyager en Amazonie, de profiter de tes amies, de mieux gérer tes déchets et de tester le trapèze volant ! Sinon, penses-y pour l'année prochaine. C'est hyper important. Bisous. »

3 Je programme l'envoi

Utilisez un service comme futureme.org pour planifier l'envoi de votre lettre à vous-même dans un an. Si vous préférez, glissez la lettre dans une enveloppe et notez une date pour l'ouvrir.

RITUEL
083

TEST

Je valide mes décisions avec le test de l'ikigai

Avant de vous lancer dans une nouvelle aventure, un nouveau job, une prise de risque, une décision importante… faites le test de l'ikigai ! Notre ikigai permet de donner plus de sens à nos décisions. Oubliez donc la liste bateau des « pour » et « contre » et, avant d'accepter (ou non) une opportunité, passez-la d'abord à la moulinette du test de l'ikigai.

Est-ce que cette opportunité, cette décision, ce choix…

- est juste, correspond à l'idée que je me fais de moi, à mes valeurs ?
- peut m'apporter de la joie ou une grande satisfaction ?
- me motive ?
- m'enthousiasme ?
- m'anime ?
- me donne une super raison de me lever de bonne humeur le matin ?
- peut être une source de fierté ?
- peut me permettre de partager avec les autres quelque chose qui me tient à cœur ?
- m'inspire ?
- me passionne ?
- me fait écouter mon cœur ?
- fait sens pour moi ?

Si vous avez répondu «oui» à la majorité des questions…

Bingo : foncez ! Cette opportunité est pile en lien avec votre ikigai, vous avez tout à gagner à oser la saisir !

Si vous avez répondu «non» à la majorité des questions…

Breaking news : vous avez aussi le droit de dire « non » et de refuser cette opportunité ! Ce qu'on refuse est aussi important que ce qu'on accepte dans notre chemin de vie. Ok, ce n'est pas toujours simple, mais il faut apprendre à distinguer ce qui est important pour les autres de ce qui compte vraiment pour vous. Le top serait bien sûr de pouvoir matcher les deux mais ce n'est pas toujours possible. Oser dire non et refuser des opportunités qui ne sont pas en lien avec nos valeurs ou nos passions nous permet de nous sentir alignée, de dégager du temps pour faire ce qu'on aime, bref de rester en phase avec notre ikigai.

BOOSTER SON BIEN-ÊTRE

L'ikigai, c'est aussi un lifestyle ! Les Japonais d'Okinawa associent leur ikigai à un certain style de vie hyper sain, indispensable pour une vie longue et heureuse. Hygiène et philosophie de vie vont souvent de pair : prendre soin de soi, c'est savoir décrypter son mental, ses émotions, ses envies, mais aussi écouter son corps et donner de l'importance à son bien-être. L'un se nourrit de l'autre. On pique aux habitants d'Okinawa quelques tips, essentiels à notre épanouissement complet. L'idée ? Soigner son alimentation, se (re)connecter à la nature et prendre soin de son corps, tout en boostant son mental !

RITUEL 084

Je soigne mon alimentation

Le célèbre régime Okinawa serait l'autre secret de la forme exceptionnelle des habitants de l'île. Et si vous adoptiez, vous aussi, ces clés de longévité ? Découvrez, à travers ce rituel, des astuces simples et accessibles pour vous inspirer de ce mode de vie et booster votre bien-être dès à présent !

1 Je m'initie au « hara hachi bu »

Non, ce n'est pas un art martial hyper pointu, mais une règle d'alimentation super bien vue. Cette petite phrase, parfois prononcée avant ou après le repas au Japon, signifie (à peu près) : « Mange jusqu'à ce que tu sois à 80 % rassasiée. » Le secret des Japonais d'Okinawa pour garder la forme et la ligne ? La modération. Pas question de commander des profiteroles après son burger : on s'arrête avant (bien avant) d'avoir à déboutonner en douce le bouton de son jean slim.

2 Je mange lentement

Le message de la satiété met environ 15 minutes à arriver au cerveau. Alors mieux vaut ne pas manger trop vite, au risque de dépasser sa satiété et s'en rendre compte trop tard !

3 Je picore dans de petites assiettes

Les Japonais servent souvent leurs plats dans de nombreuses petites assiettes, ce qui aide à manger moins et de plus petites portions. Vous pouvez commencer par troquer vos grandes assiettes contre des assiettes à dessert ou, si vous êtes en mode warrior, contre plusieurs soucoupes.

4 Je pimpe mes menus à la mode Okinawa

À vous, tofu, poissons, légumes et riz. Le must ? Si vous en trouvez, goûtez le shikuwasa, un agrume qui ressemble au citron vert, bourré d'antioxydants.

RITUEL 085

J'écris tous les matins

L'écriture peut être un outil puissant pour éclaircir vos pensées, libérer votre créativité et chasser les mauvaises pensées qui plombent votre joie intérieure. Chaque matin, prenez quelques minutes pour écrire librement et vous connecter avec vos émotions pour cultiver votre épanouissement.

1 Je crée ma bulle d'écriture

Réveillez-vous 5 minutes plus tôt et installez-vous dans un endroit calme. Munissez-vous d'un carnet qui vous inspire et d'un stylo. Pas besoin de perfection, juste de confort.

2 J'écris sans filtre

Posez votre stylo sur la page et écrivez tout ce qui vous passe par la tête : vos rêves, vos pensées, vos envies. Peu importe que ça ait du sens ou non.

3 Je me focalise sur la fluidité

Ne vous arrêtez pas pour réfléchir ou corriger. Laissez les mots sortir naturellement, même s'ils semblent répétitifs ou désordonnés. L'idée est de libérer votre esprit.

4 Je relis ou pas

Vous pouvez choisir de relire votre texte, ou simplement tourner la page pour avancer. Ce moment est avant tout un acte de libération, sans jugement ni objectif.

TRACKER D'HABITUDE

Coloriez le carnet du jour si vous avez écrit vos pages du matin. Vous vous assurez ainsi d'ancrer cette habitude dans votre nouvelle routine.

Semaine 1

Semaine 2

Semaine 3

RITUEL 086

Je teste les affirmations positives

L'ikigai nous invite à cultiver des pensées alignées avec notre essence. En répétant des affirmations positives, vous reprogrammez doucement votre esprit pour attirer la joie et l'énergie dont vous avez besoin chaque jour. De quoi aborder chaque journée de bonne humeur !

1 Je choisis mon affirmation du jour

Chaque matin, sélectionnez une phrase qui vous inspire : « Je trouve de la joie dans les plaisirs simples de la vie » ou « Je mérite le bonheur. » Si aucune ne résonne, créez la vôtre, en utilisant des mots positifs et au présent.

2 Je me place dans un *safe space*

Trouvez un endroit calme où vous vous sentez bien. Devant un miroir, dans votre lit ou en pleine nature, l'important est de créer un moment de calme, loin des distractions.

3 Je répète mon affirmation

Répétez l'affirmation 5 à 10 fois, à voix haute ou dans votre tête. Mettez-y une intention sincère : ressentez les mots, imaginez-les prendre vie et illuminer votre journée.

4 Je l'intègre à mon quotidien

Glissez votre affirmation dans vos pensées dès que vous en ressentez le besoin : dans une file d'attente, en marchant... Elle devient une ancre pour retrouver joie, confiance et sérénité.

ET MOI DANS TOUT ÇA ?

Mes affirmations positives favorites

....

Est-ce qu'en fin de journée, je constate un changement d'humeur ou d'attitude ?

....

Au bout d'une semaine ?

....

RITUEL
087

Je crée un bocal de gratitude

La philosophie ikigai incite à savourer les petits plaisirs de la vie et à cultiver la gratitude. En créant un bocal de gratitude, vous ancrez ces moments de joie et pouvez les revisiter pour booster votre humeur à tout moment.

1 Je prépare mon matériel

Trouvez un joli bocal, un pot ou une boîte, et des papiers colorés. Ayez un stylo ou un feutre à portée de main pour toujours être prête à capturer vos pensées positives.

2 Je note une gratitude chaque jour

Chaque soir, écrivez une chose pour laquelle vous êtes reconnaissante : un sourire reçu, une réussite au travail, un rayon de soleil. Soyez précise pour revivre ce moment en le relisant.

3 Je remplis mon bocal avec intention

Pliez délicatement chaque papier et placez-le dans le bocal. Visualisez-le se remplir de moments heureux, comme un trésor de petites étincelles de bonheur.

4 Je pioche en cas de coup de mou

Quand le moral flanche, plongez la main dans votre bocal. Lisez un papier et reconnectez-vous à la joie de ce moment. L'effet est instantané : gratitude, sourire, good vibes !

RITUEL 088

Je me mets à la méditation

La méditation est une pratique qui aide à se recentrer, à calmer ses pensées et à renforcer sa connexion à soi, et elle est un outil sérieux pour cultiver sa sérénité et son épanouissement. Quelques minutes par jour suffisent pour en ressentir les bienfaits. Prête à vous laisser tenter ?

1. Déterminez un moment propice dans votre journée (matin, pause déjeuner ou soir). Installez-vous dans un endroit calme et confortable, avec une lumière douce et peu de distractions.

2. Téléchargez une application spécialisée ou appuyez-vous sur des audios et vidéos disponibles en ligne. Lancez une méditation guidée de 5 à 10 minutes pour apprendre les bases : respiration, posture, relâchement des pensées.

3. Fermez les yeux et portez votre attention sur votre souffle. Inspirez lentement par le nez, expirez par la bouche. Si votre esprit vagabonde, ramenez-le doucement vers votre respiration, sans jugement.

4. Quand le temps est écoulé, prenez quelques secondes pour rouvrir les yeux et vous reconnecter au monde. Remerciez-vous pour ce moment de calme et notez vos sensations. Vous venez de muscler votre esprit !

ET MOI DANS TOUT ÇA ?

Est-ce que je parviens à lâcher prise ?

....

Quelles sensations j'expérimente durant les séances ?

....

....

....

Quels sont mes moments favoris pour méditer ?

....

....

....

RITUEL 089

JOURNAL DE BORD

J'adopte l'esprit *gambarimasu*

Avec l'ikigai, le chemin compte tout autant que la destination. L'esprit gambarimasu vous invite à vous donner à fond dans vos objectifs avec persévérance, engagement et résilience face aux défis tout en restant bienveillante envers vous-même. En cultivant l'esprit gambarimasu, on ne se concentre pas uniquement sur le résultat final, mais sur la valeur de chaque pas accompli avec intention et détermination, tout en restant aligné avec ce qui nous fait vibrer profondément.

Quels sont les domaines de ma vie où je me donne vraiment à fond avec plaisir et détermination ?

....

....

Quand je fais face à un défi, est-ce que je me concentre sur le chemin parcouru ou uniquement sur le résultat final ?

....

....

Que pourrais-je apprécier dans le chemin vers mes objectifs ?

....

....

Comment puis-je rester bienveillante envers moi-même tout en maintenant un haut niveau de persévérance dans mes projets personnels et professionnels ?

....

....

RITUEL 090

Je me (re)connecte à la nature

Si l'ikigai aide à révéler sa propre nature, il invite aussi à ne pas oublier en chemin celle qui nous entoure. Le shinrin yoku, ou l'art de prendre des bains de forêt, est quasiment élevé au rang de médecine préventive au Japon. La « sylvothérapie », comme on l'appelle chez nous, encourage à puiser des forces (et de la joie !) directement dans la nature. À la clé ? Moins de stress, plus de bien-être, un système immunitaire et une créativité reboostés. Difficile de ne pas se laisser tenter, non ?

1 Je choisis mon lieu de ressourcement

Trouvez un espace naturel près de chez vous : un parc, une forêt ou même un coin de campagne. L'essentiel est qu'il soit calme et propice à la détente.

2 Je me promène en conscience

Baladez-vous en conscience, comme une méditation en marchant, en restant bien ancrée dans la terre, tout au long de la promenade. Sentez-vous connectée à la terre sous vos pieds, aux arbres autour de vous et au calme environnant.

3 Je mobilise mes sens

Pendant votre promenade, prenez le temps d'activer vos cinq sens : écoutez le chant des oiseaux, humez l'odeur de la terre ou de la mousse des bois, touchez l'écorce des arbres et regardez les feuilles danser dans le vent.

L'info en +

Les Japonais entretiennent toute l'année un lien profond avec la nature qu'ils célèbrent dès que l'occasion leur est donnée. L'hanami, la fête de la floraison, au Japon, c'est la célébration au printemps de la nature en fleurs, principalement des cerisiers, les fameux sakuras. Les Japonais se réunissent dehors pour fêter ensemble cette merveille de la nature : l'équivalent de nos pique-niques printaniers, le sens du sacré en plus et le saké à la place du rosé.

RITUEL 091

Je prends soin de mon corps

Le corps est le temple de l'esprit. En prendre soin, c'est cultiver un équilibre précieux entre énergie et sérénité, indispensable pour vivre pleinement votre mission de vie. D'ailleurs, faire du sport serait une des clés majeures d'une vie équilibrée et en pleine santé. Une habitude à ne pas négliger donc…

1 Je me bouge avec énergie

Pratiquez régulièrement une activité dynamique qui vous fait vibrer : course à pied, danse, vélo… Mettez de la musique qui booste votre mood et libérez votre énergie. Faites-le avec plaisir, sans pression, à votre rythme.

2 J'alterne avec une pratique douce

N'omettez pas d'alterner les sessions intensives avec des exercices plus doux et réguliers qui vous recentrent et vous apaisent. Yoga, tai chi, qi gong, stretching… choisissez votre pratique douce favorite et faites-en un peu tous les jours, même juste un quart d'heure pour un bon équilibre.

3 Je booste ma motivation

Adoptez la mentalité *gambarimasu*. Donnez-vous à fond dans chaque mouvement, en visualisant l'impact positif sur votre bien-être.

ET MOI DANS TOUT ÇA ?

Quels sont les sports qui m'énergisent le plus ?

………………………………………………………………

………………………………………………………………

Quels sont les sports qui m'apaisent le plus ?

………………………………………………………………

………………………………………………………………

Est-ce que je suis régulière dans mon activité physique ?

………………………………………………………………

………………………………………………………………

Si non, qu'est-ce qui pourrait m'aider à me motiver ?

………………………………………………………………

………………………………………………………………

RITUEL
092

JOURNAL DE BORD

Je compose un haïku

Écrire un haïku, c'est capturer l'essence d'un instant avec simplicité et présence. Cette pratique aide à se connecter pleinement au moment présent, à percevoir la beauté dans les petites choses et à trouver du sens dans chaque expérience quotidienne. Un rituel poétique pour nourrir l'esprit et cultiver la sérénité, qui trouve un écho parfait dans la philosophie de l'ikigai.

Le haïku est un petit poème très bref qui comporte toujours un rappel à la nature, aux saisons (vous pouvez puiser votre inspiration lors d'un bain de forêt ou d'un moment passé dans la nature). Sa rédaction obéit à des règles d'écriture hyper strictes : trois vers, la première ligne doit faire 5 syllabes, la deuxième 7 syllabes et la troisième (et dernière) 5 syllabes.

Exemple :
Rayon de soleil
Et soudain le ciel s'embrase
C'est l'aube de l'été

Mes haïkus

....

....

....

....

....

....

RITUEL 093 Je prends rendez-vous avec moi-même

On le fait rarement et pourtant prendre du temps pour soi est essentiel pour se recentrer, nourrir sa joie de vivre et son épanouissement. Ce rituel consiste à consacrer un moment à votre bien-être personnel, en vous offrant un espace rien que pour vous. Ça peut aussi être l'occasion de sortir de votre zone de confort ou de faire le point, tout simplement… à vous de voir !

1 Je choisis un moment pour moi

Planifiez un rendez-vous avec vous-même dans les prochains jours. Que ce soit un café, un déjeuner ou une activité seule, l'essentiel est de vous accorder ce moment d'introspection.

2 Je choisis une activité qui m'enrichit

Pendant ce rendez-vous, faites quelque chose que vous aimez ou qui vous permet de vous recentrer : lire, écrire, observer, méditer ou simplement flâner. L'idée est de vous détacher du quotidien pour mieux vous reconnecter à vos envies profondes.

3 Je suis pleinement présente

Pendant ce moment, laissez de côté les distractions. Profitez de cet instant pour vous écouter, prendre des notes si vous en ressentez le besoin, ou juste savourer la tranquillité.

Planner

Mes prochains *me time*

- ..…/..…/..…
- ..…/..…/..…
- ..…/..…/..…

RITUEL 094

J'essaie le staycation

Redécouvrir votre quotidien avec un regard neuf peut booster votre imagination, votre créativité et votre capacité à vous émerveiller. C'est le principe du staycation, ou « vacances à la maison », qui propose d'explorer son environnement avec curiosité et en conscience. Envie de tenter l'expérience ?

1 Je choisis une journée ou un week-end dédié

Bloquez une date dans votre agenda pour vivre une véritable pause locale. Ce moment est une opportunité de vous déconnecter du quotidien tout en restant près de chez vous.

2 Je planifie une activité comme une touriste

Cherchez une expérience que vous n'avez jamais faite : un musée, un parc, une randonnée, ou même un restaurant que vous rêviez de tester. Soyez curieuse et aventurez-vous hors de vos habitudes.

3 Je me perds pour mieux explorer

Offrez-vous une balade sans but ni itinéraire précis. Flânez dans un quartier, un marché ou un coin de nature proche. Observez les détails que vous ne remarquez jamais et laissez-vous surprendre.

ET MOI DANS TOUT ÇA ?

Ai-je remarqué des choses que je n'avais jamais relevées auparavant ?

....

Ai-je apprécié l'expérience d'être une touriste chez moi ?

....

RITUEL 095

Je me détends avec un bain

Offrez-vous une pause bien-être inspirée du rituel sacré du bain japonais. L'ofuro, le vrai, se fait dans une baignoire en bois recouverte comme un caisson avec de l'eau chauffée à 42 °C et des pétales de roses. Mais vous pouvez adapter le moment à votre guise. Le bénéfice en sera le même : un temps pour se reconnecter avec soi-même, réfléchir et faire baisser le stress, et un moment clé pour nourrir votre ikigai.

1 Je prépare mon espace

Transformez votre salle de bain en cocon zen : tamisez la lumière, ajoutez des bougies et choisissez une playlist relaxante. Remplissez votre baignoire avec de l'eau à une température agréable (au Japon, on le prépare à 40-42 °C).

2 J'ajoute une touche sensorielle

Parsemez l'eau de pétales de rose ou de sels de bain parfumés. Si vous préférez, versez quelques gouttes d'huile essentielle (lavande pour calmer l'esprit ou yuzu pour une touche japonaise).

3 Je plonge et je lâche prise

Installez-vous dans l'eau, fermez les yeux et concentrez-vous sur votre respiration. Inspirez profondément, expirez lentement. Laissez les tensions glisser hors de votre corps.

4 Je me reconnecte avec mes pensées

Profitez de ce moment de calme pour vous poser des questions essentielles : Qu'est-ce qui me procure de la joie en ce moment ? Quels petits pas puis-je faire pour nourrir cette joie dans ma vie quotidienne ?

5 Je termine en douceur

Sortez de l'eau lentement, enveloppez-vous dans une serviette douce et savourez une boisson chaude (thé vert, par exemple). Ressentez la sérénité de ce rituel et emportez cette sensation avec vous pour le reste de la journée.

ET MOI DANS TOUT ÇA ?

Est-ce que je me sens plus détendue après ce bain ?

....

Quelles réflexions ont émergé durant la pratique ?

....

....

RITUEL 096

JOURNAL DE BORD

Je pose mes intentions pour la nouvelle année

Chaque premier janvier offre la perspective de commencer une nouvelle année du bon pied, en accord avec soi-même et avec son ikigai. Laissez tomber les résolutions culpabilisantes, place donc aux intentions alignées avec votre ikigai ! Ce rituel va vous aider à entamer la nouvelle année en pleine conscience, en cultivant ce qui compte vraiment pour vous et nourrit votre joie intérieure. Notez-ci-dessous vos intentions et cochez au fil du temps celles qui se sont réalisées.

- [ ] ....
- [ ] ....
- [ ] ....
- [ ] ....
- [ ] ....
- [ ] ....
- [ ] ....
- [ ] ....
- [ ] ....
- [ ] ....

Tips

On s'attarde moins sur ce qu'on doit faire que sur la raison de le faire et qui on veut être. Par exemple, on ne dit plus : « Cette année je me mets au régime » mais « Cette année, je décide de prendre soin de mon corps ». C'est beaucoup plus motivant, c'est mieux pour être en phase avec soi et être dans son ikigai !

RITUEL 097

JOURNAL DE BORD

Je tiens à jour ma bucket list

Vous connaissez certainement le concept de la bucket list, cette liste de rêves, d'objectifs ou d'expériences que l'on souhaite réaliser au cours de sa vie. Eh bien, n'oubliez pas de la faire évoluer avec vous ! En la mettant à jour régulièrement, vous restez connectée à ce qui vous anime profondément. Ajustez régulièrement son contenu, elle vous aidera à garder le cap sur votre ikigai, et notez la date à laquelle vous avez accompli chaque envie, pour constater votre avancée !

1. .... Fait le ...../...../.....
2. .... Fait le ...../...../.....
3. .... Fait le ...../...../.....
4. .... Fait le ...../...../.....
5. .... Fait le ...../...../.....
6. .... Fait le ...../...../.....
7. .... Fait le ...../...../.....
8. .... Fait le ...../...../.....
9. .... Fait le ...../...../.....
10. .... Fait le ...../...../.....
11. .... Fait le ...../...../.....
12. .... Fait le ...../...../.....
13. .... Fait le ...../...../.....
14. .... Fait le ...../...../.....
15. .... Fait le ...../...../.....
16. .... Fait le ...../...../.....
17. .... Fait le ...../...../.....
18. .... Fait le ...../...../.....
19. .... Fait le ...../...../.....
20. .... Fait le ...../...../.....

RITUEL 098

JOURNAL DE BORD

Je crée mes propres routines

Il y a la philosophie de l'ikigai et puis il y a VOTRE ikigai. La première vous incite à vivre en restant connectée au monde et à votre joie de vivre et le second, plus personnel et plus précis, à ne pas renier qui vous êtes et à tout faire pour suivre votre propre chemin.

En m'inspirant de ce chapitre, quels rituels en accord avec mon ikigai puis-je créer et mettre en œuvre dans ma vie ?

- ....
- ....
- ....
- ....
- ....
- ....
- ....
- ....

Les nombreux rituels de ce chapitre, porteurs de sens destinés à faire vivre en nous la petite philosophie de l'ikigai, sont souvent valables pour tous les ikigais, car ils ont pour but de vous reconnecter à votre joie de vivre et de contribuer à votre bien-être. Mais vous pouvez être plus précise et les personnaliser pour qu'ils soient plus en lien avec votre nouvelle mission de vie.

Quels objectifs quotidiens, mensuels et annuels, représentent les actions hyper concrètes à enclencher chaque jour pour me rapprocher de mon ikigai, puis-je me fixer ? Sont-ils personnalisés selon ma mission de vie ?

- ....
- ....
- ....
- ....
- ....
- ....
- ....
- ....

Si, par exemple, votre ikigai a mis en lumière que l'écriture était au cœur de votre mission et que vous en avez déduit que votre objectif de vie était d'écrire un roman, vous pouvez vous fixer comme objectif quotidien d'écrire chaque jour 500 mots : ainsi, vous vous connectez chaque jour à votre ikigai et vous avancez, pas à pas, vers la réalisation de votre objectif de vie.

RITUEL 099

JOURNAL DE BORD

J'établis ma to-give list

Votre to-give list (ou liste de choses à donner, à partager...) consiste à faire vivre concrètement la partie de votre ikigai qui se connecte aux besoins du monde. Chaque petite action solidaire, geste désintéressé, don, partage... contribue à renforcer votre ikigai en apportant plus de sens à votre vie.

Cochez les petits gestes et actions altruistes que vous souhaitez adopter :

- ☐ Faire des compliments sincères à mes collègues de bureau.
- ☐ Faire un don à une association.
- ☐ Partager mes talents en donnant des cours.
- ☐ Aider mon entourage à trouver son ikigai.
- ☐ Donner de mon temps à une association ou à l'épicerie solidaire du coin.
- ☐ Tenter la méditation de bienveillance (une forme de méditation « mindfulness » qui incite à écouter son cœur et à développer sa bienveillance envers les autres).
- ☐ Partager des nouvelles et des ondes positives sur les réseaux sociaux.
- ☐ Soutenir, réconforter ou coacher une amie ou une collègue déprimée.
- ☐ ....
- ☐ ....
- ☐ ....
- ☐ ....

Enclenchez au moins une action en lien avec cette idée de partage dès cette semaine.

RITUEL 100

JOURNAL DE BORD

J'établis ma to-be list

Votre ikigai ne reflète pas uniquement ce pour quoi vous êtes faites, il reflète plus globalement la personne que vous voulez être. Pour être au clair avec vos valeurs, vos convictions et toujours vous les rappeler, complétez ces 3 phrases qui seront l'essence de votre petite philosophie de vie ikigai.

Je suis le genre de personne qui...

....

Je veux être le genre de personne qui...

....

Je ne veux plus être le genre de personne qui...

....

Pour vous aider dans cet exercice, repensez aux valeurs, qualités et talents que vous avez débusqués tout au long de ce cahier et que vous souhaitez cultiver, en accord avec la personne que vous voulez être.

Carnet d'adresses

Conférences et vidéos

- La conférence TED très inspirante de Laurent Gounelle, « Devenir pleinement soi-même » : https://youtu.be/NZXJ7zh3PJM
- Une vidéo éclairante et super bien faite sur la zone de confort, « Zone de confort, osez en sortir » par Gromic VisualComedy sur YouTube : https://youtu.be/f6uOABlKJeg
- Une vidéo YouTube bouleversante et inspirante pour se motiver à dépasser ses peurs et à oser : https://www.youtube.com/watch?v=aC_a2jl30RA
- Vidéo TED pour apprendre à combattre ses peurs et passer à l'action : https://www.ted.com/talks/tim_ferriss_why_you_should_define_your_fears_instead_of_your_goals
- Le concept de flow expliqué par celui qui l'a théorisé : https://www.ted.com/talks/mihaly_csikszentmihalyi_on_flow?language=fr#t-999830

Podcast

« Change ma vie », le podcast « qui donne des outils pour l'esprit »

Bibliographie

- *La Puissance de la joie*, Frédéric Lenoir, Le Livre de Poche, 2017.
- *Choisir sa vie*, Tal Ben-Shahar, Pocket, 2017.
- *Cessez d'être gentils, soyez vrais,* Thomas d'Ansembourg, Éditions de l'Homme, 2014.
- *Connectez-vous à vous-même,* Chade-Meng Tan, Pocket, 2016.
- *Le Bonheur d'être soi*, Moussa Nabati, Le Livre de Poche, 2008.
- *Wake up !*, Christine Lewicki, Pocket, 2017.
- *Osez réussir !*, Carole S. Dweck, Mardaga éditions, 2017.
- *Foutez-vous la paix, et commencez à vivre,* Fabrice Midal, Flammarion, 2017.
- *Grit. The Power of Passion and Perseverance*, Angela Duckworth, Vermilion, 2017.
- *Un petit pas peut changer votre vie* : *la voie du kaizen*, Robert Maurer, J'ai lu, 2007.
- *Wabi Sabi. Trouver le bonheur au-delà de l'imperfection*, Christopher A. Weidner, Le Courrier du Livre, 2007.
- *La Méthode ikigai*, Héctor Garcìa et Francesc Miralles, Solar, 2018.
- *Trouver son ikigai*, Christie Vanbremeersch, First, 2018.
- *Mon programme ikigai*, Caroline de Surany, Marabout, 2018.
- *Le Livre de l'ikigai*, Bettina Lemke, Hugo, 2018.

MON CAHIER
IKIGAI
LA MÉTHODE DU BONHEUR MADE IN JAPAN !

MON CAHIER
HUILES ESSENTIELLES
COCOONEZ-VOUS AVEC LES HUILES ESSENTIELLES !

MON CAHIER
PILATES
GAGNEZ EN FORCE ET SOUPLESSE !

MON CAHIER
BRÛLE-GRAISSE
PERDEZ DU POIDS AVEC LA NUTRITION ANTICELLULITE !

MON CAHIER
MÉDITATION
BOOSTEZ VOTRE ESPRIT !

MON CAHIER
SOPHRO
LA MÉTHODE NO STRESS ET HAPPINESS !

MON CAHIER
RITUELS YOGA
LE YOGA FEEL GOOD ET COCOONING !

MON CAHIER
NUMÉROLOGIE
LA NUMÉROLOGIE POUR S'ÉPANOUIR AU QUOTIDIEN !

MON CAHIER
LOVE TAROT
LE TAROT VERSION LOVE POUR ÊTRE ÉPANOUIE EN AMOUR !

MON CAHIER
MINCEUR
PERDEZ DU POIDS DURABLEMENT !

MON CAHIER
GAINAGE
POUR UN VENTRE PLAT ET UNE SILHOUETTE FIT !

MON CAHIER
YOGA MÉDITATION
LE YOGA DÉTENTE ET ANTISTRESS

MON CAHIER
KILOS ÉMOTIONNELS
STOP AUX ÉMOTIONS QUI VOUS POUSSENT À MANGER !

MON CAHIER
MINCEUR HEALTHY
RESTEZ MINCE SANS PRIVATION !

MON CAHIER
ANTI-STRESS
KEEP COOL POUR TOUJOURS !

MON CAHIER
MA GROSSESSE ET MOI
POUR VIVRE 9 MOIS EXCEPTIONNELS !

MON CAHIER
HAPPY FEELINGS
POUR PÉTILLER DE BELLES ÉMOTIONS !

MON CAHIER
STOP AU SUCRE
LIBÉREZ DE L'ADDICTION !

MON CAHIER
SUPER ORGANISÉE
TROUVEZ LE TEMPS DE RÉALISER TOUTES VOS ENVIES !

MON CAHIER
RESPIRATION
RESPIREZ, DÉSTRESSEZ ET RAYONNEZ !

MON CAHIER
HYPERSENSIBLE
MIEUX COMPRENDRE SES ÉMOTIONS ET S'ACCEPTER !

MON CAHIER
CHAKRAS
POUR ÊTRE EN PHASE AVEC VOUS-MÊME !

MON CAHIER
PENSÉE POSITIVE
LA VIE EN ROSE, C'EST POSSIBLE !

MON CAHIER
YOGA ANTISTRESS
LE YOGA ZEN POUR VIVRE EN HARMONIE !

MON CAHIER
ANTI-GLUCOSE
CONTRÔLEZ VOTRE GLYCÉMIE POUR UNE SANTÉ AU TOP !

MON CAHIER
VÉGÉ GOURMAND
POUR RÉUSSIR SA TRANSITION VÉGÉ SANS FRUSTRATION !

MON CAHIER
SOINS AU NATUREL
SOIGNEZ-VOUS AU NATUREL TOUTE L'ANNÉE !

MON CAHIER
ASTRO-YOGA
LE YOGA X ASTRO POUR RÉÉQUILIBRER LES ÉNERGIES !

MON CAHIER
SELF-GYNÉCO
POUR VOUS SENTIR ÉPANOUIE DANS VOTRE CORPS !

MON CAHIER
SÉRÉNITÉ
LA MÉTHODE BIEN-ÊTRE, BONHEUR ET GOOD VIBES !

MON CAHIER
MINCEUR ZÉRO SUCRE
PERDEZ DU POIDS EFFICACEMENT AVEC LE RÉGIME LOW CARB !

MON CAHIER
ANTIFATIGUE
BOOSTEZ VOTRE BIEN-ÊTRE ET DÉBORDEZ D'ÉNERGIE !

MON CAHIER
PILATES MINCEUR
POUR MINCIR ET SE SCULPTER VISIBLEMENT !

MON CAHIER
LOVE COACHING
TROUVEZ LA BONNE PERSONNE !

MON CAHIER
MÉNOPAUSE
TOUJOURS AUSSI BIEN DANS VOTRE PEAU !

MON CAHIER
CRÉATIVITÉ
METTEZ DES PAILLETTES DANS VOTRE VIE !

MON CAHIER
MONEY
EXPLOSEZ VOTRE PLAFOND DE VERRE FINANCIER !
SOLAR

MON CAHIER
AUTO-HYPNOSE
REPROGRAMMEZ VOTRE CERVEAU !
SOLAR

MON CAHIER
RUNNING
FAITES-VOUS PLAISIR EN COURANT !
SOLAR

MON CAHIER
MARIAGE
POUR UN BEAU JOUR DE RÊVE !
SOLAR

MON CAHIER
ANTI INFLAMMATOIRE
UN MODE DE VIE ANTI-DOULEUR ET ÉNERGIE
SOLAR

MON CAHIER
YOGA DU VISAGE
LA BEAUTÉ EN 5 MINUTES PAR JOUR !
SOLAR

MON CAHIER
KINÉ ANTI-DOULEURS
POUR REVENIR AU TOP DE VOTRE FORME !
SOLAR

MON CAHIER
PILATES AU MUR
LE PILATES PLUS FUN ET PLUS EFFICACE !
SOLAR

100 RITUELS
MON CAHIER
APAISEZ VOTRE ESPRIT !
MÉDITATION
SOLAR

100 RITUELS
MON CAHIER
LA VIE EN ROSE, C'EST POSSIBLE !
PENSÉE POSITIVE
SOLAR

100 RITUELS
MON CAHIER
TRANSFORMEZ TOUTE VOTRE SILHOUETTE !
PILATES
SOLAR

100 RITUELS
MON CAHIER
STOP AU SUCRE
LIBÉREZ DES COMPULSIONS !
SOLAR

100 RITUELS
MON CAHIER
TROUVER VOTRE ÉQUILIBRE DE VIE !
IKIGAI
SOLAR

100 RITUELS
MON CAHIER
YOGA
BIEN DANS SON CORPS ET DANS SA TÊTE !
SOLAR

Direction : Didier Férat
Direction éditoriale : Lama Younès-Corm
Édition : Gwladys Greusard et Alexia Maury
Correction : Véronique Badin
Couverture : HelloElo
Maquette intérieure : Marina Delranc
Mise en pages : Nord Compo
Fabrication : Laurence Duboscq

ISBN : 978-2-263-19114-5
Code éditeur : L19114/01
Dépôt légal : avril 2025

Imprimé Espagne par Egedsa, en février 2025

@solar_editions
@SolarEditions

Solar, un département d'édi8
92, avenue de France
75013 Paris
Tél. : 01 44 16 09 00
www.lisez.com
info@lisez.com